INVENCIBLE

ADOLFO AGÜERO ESGAIB

INVENCIBLE

LA LUCHA ES INEVITABLE...
LA DERROTA ES OPCIONAL

Editado por: Ofelia Pérez

Invencible
La lucha es inevitable… la derrota es opcional

ISBN: 978-1-64123-362-0
EBook ISBN: 978-1-64123-363-7
Impreso en los Estados Unidos de América

Whitaker House
1030 Hunt Valley Circle
New Kensington, PA 15068
www.whitakerhouse.com

Por favor, envíe sugerencias sobre este libro a: comentarios@whitakerhouse.com.

1 2 3 4 5 6 7 8 9 10 11 26 25 24 23 22 21 20 19

DEDICATORIA

A las tres mujeres INVENCIBLES que más
influyeron e inspiraron en mi vida:
mi hija Leonor, mi esposa Laura y mi madre Cafi.
Gracias por enseñarme que no hay nada imposible.
¡Les amo por siempre!
Ado

AGRADECIMIENTOS

Mi eterna gratitud a mi Dios por todo, porque escribir libros que tanto bendicen es un regalo inmerecido suyo hacia mí. Solo Él puede llevar toda la gloria y la honra. Él abrió puertas y tocó corazones para que esto sea una realidad. Gracias por no abandonarme, darme la fe, la fuerza. Gracias por estar en el rincón y no tirar la toalla ni dejarme abandonar la pelea. Como siempre lo declaro: todo lo que soy, tengo y hago, es para Tu gloria. Soy solo un luchador esperando tus órdenes para salir a pelear una nueva batalla, y vencer por Tu gracia a un nuevo rival.

El INVENCIBLE por excelencia es Jesucristo. Gracias por demostrarlo en la cruz del calvario. Te estamos eternamente agradecidos.

Quiero también agradecer a tantas personas que de manera desinteresada me ayudaron:

Quiero empezar agradeciendo a mi amada esposa Laura: gracias por todo tu apoyo y amor, gracias por aguantarme muchas veces.

Gracias por cuidar con tanto amor y compromiso de nuestros tres hijos. Sos un regalo inmerecido de Dios para mi vida. Te amo.

A mis dos varones, Mateo y Andrés, y a mi princesa, Leonor. No se imaginan cuánto los amo. Mientras escribo estas líneas y los veo jugando frente a mí estoy llorando de la emoción. Su sola presencia en mi vida hace que, aunque la pelea sea dura, me anime a seguir peleando y sentir que soy un invencible. Gracias por estar e inspirarme cada día a no renunciar. Con sus vidas, Dios nos mostró a su mamá y a mí cuánto nos ama. Les amamos profundamente.

A mis grandes invencibles, a mi familia, a mis padres, Emilio y Cafi, sus vidas son una inspiración de conquista, resistencia y lucha. Nos enseñaron que la derrota no es una opción, que si caemos que sea solo de rodillas y ante Dios. Nos mostraron que con visión, trabajo y entrega a Dios, nada es imposible. Los amo y los honro.

A mis amados hermanos y hermanas: Emilio y Lili, Salmi, Hito y Dudi, Cafi, Antonio y Tania, gracias por luchar conmigo hasta el último round. Hay un dicho que dice: "La familia no se escoge". Pero creo firmemente que Dios sí escogió esta familia como Su equipo para este tiempo. Los amo.

A mis queridos suegros: Don Rojas y Ña Cele. Gracias por el apoyo de siempre, su ayuda y oraciones. Son una gran bendición.

A la Iglesia Más Que Vencedores, de Asunción, Paraguay, gracias por sus oraciones y cariño. Son una gran familia espiritual y los amo mucho.

Gracias a todo mi equipo de trabajo del ministerio y a los del Departamento de Comunicaciones de MQV, compañeros de ministerio, lucha y visión: Flavia Cáceres, Juan Sandoval, Luis Domínguez, Euni Alegre, Diego "Chimp" y todo su equipo.

A los que me ayudaron con este libro con sus dones y talentos: Karen Núñez, Diego Enciso, Roberto Delgado, Fernando Pussineri, Ángel Ayala, Juan Cruz y muchos otros. Gracias por las correcciones y los consejos, por su disposición y creatividad en los diseños, fotografías y videos.

A la gran familia y equipo editorial de Whitaker House Español. Me honra ser autor de ustedes. Gracias, Xavier Cornejo, por tu amistad. Tu vida me bendice mucho. Gracias por empujarme y alentarme siempre. Sos una inspiración. Gracias también a Ofelia Pérez por las correcciones. Es el tercer libro juntos, ¡qué gran bendición! Gracias por tu paciencia y enseñanza. Es un lujo tenerlos como equipo y amigos.

A todos mis amigos en general, principalmente a mis amigos íntimos, esos que están ahí en mi rincón ante las peleas más duras de la vida. Gracias por alentarme siempre. Esas historias que vivimos juntos nutrieron este material y mi vida.

A todos los pastores y líderes que me apoyaron con sus oraciones, consejos y comentarios en este proyecto, lo escribí pensando mucho en ustedes. En esta carrera no podemos renunciar. Peleemos con valor y fe. Dios está de nuestro lado.

A vos, querido lector, gracias por leer este libro. No existe algo mejor para un escritor que saber que de alguna manera, y en algún lugar remoto, alguien está siendo bendecido por lo que escribió. Es la mayor recompensa.

A todos... simple y profundamente, ¡gracias!

CONTENIDO

Prólogo por Xavier Cornejo 13

Introducción 15

Rounds:

1. El amor vs. el miedo 17
2. Su compañía vs. la soledad y el desánimo 33
3. El perdón vs. el rencor 47
4. La gratitud vs. la ingratitud 65
5. La esperanza vs. la tristeza y la depresión 85
6. El reconocimiento y apreció vs. el desprecio 97
7. Una visión clara vs. un futuro incierto 109
8. La humildad vs. el orgullo 123

9. La fe vs. la duda 135

10. La paz vs. las preocupaciones y los problemas 153

Conclusión 165

Vence a tus rivales por nocaut 171

Acerca del autor 175

PRÓLOGO

Tan solo existen tres tipos de personas: hay personas que están en medio de una batalla, otras que acaban de salir de una batalla, y finalmente aquellas que están por entrar en una batalla. Así que sin importar quien seas y en donde te encuentres en la vida, enfrentarás batallas y encontrarás conflictos. Esto es parte inherente de estar vivo, de perseguir tus sueños, de alcanzar todo aquello que quieres alcanzar.

A ningún lugar al que vale la pena llegar se llega sin luchar. Edwin Louis Cole solía decir que "campeones no son aquellos que nunca fallan, sino aquellos que nunca se rinden"; que no se rinden ante las peleas que la vida nos presenta. Si nos rehusamos a rendirnos, eventualmente la perseverancia será confundida con grandeza. Si bien el talento nos puede llevar a la cima, es la perseverancia la que nos ayudará a quedarnos ahí, o inclusive la que nos ayudará a buscar nuevos paisajes para este largo viaje que llamamos vida.

No se puede derrotar a un hombre o a una mujer que no se rinde. De cierta forma, aquellas personas que nunca se rinden se convierten en personas invencibles. El temor roba más futuros que el fracaso, y con eso en mente mi amigo Adolfo ha escrito un manual para ser invencible.

Una de las cualidades principales que siempre busco en un escritor es su autoridad para hablar de un tema, y en el caso de Adolfo su autoridad para hablar de este tema es un hecho. Él es un hombre invencible porque es un hombre que nunca se rinde. Nada le ha llegado de manera fácil; ha luchado mil batallas para estar donde está y hacer lo que hace. Lo mejor de todo esto es que ahora comparte con nosotros sus conocimientos para ayudarnos a enfrentar las luchas que la vida nos trae.

En algún momento de nuestras vidas todos hemos tenido que enfrentarnos a los enemigos que Adolfo enumera en este libro. Por ejemplo, todos hemos sentido miedo en algún momento, o nos hemos sentido solos, o quizás hemos sido víctimas de la amargura que el rencor trae a nuestras vidas. Es más, es posible que hayamos cerrado puertas a grandes oportunidades por ingratitud, y hoy no tengamos una visión clara de nuestro futuro. Estoy convencido que sin importar el enemigo a enfrentar, este libro te puede ayudar a derrotar todo aquello que te quiere parar.

Las páginas de tu historia podrán tener un nuevo comienzo y un gran final. No te rindas porque aún no ves la luz. Creo firmemente que estas páginas te ayudarán a iluminar tu caminar. El hecho de haber caído en el pasado no quiere decir que no podrás llegar más allá de lo que has soñado. Con Dios de tu lado, si nunca te rindes, siempre serás invencible.

—*Xavier Cornejo*
Director, Editorial Whitaker House
Autor, *La historia dentro de ti*

INTRODUCCIÓN

La vida es hermosa, es un regalo divino. La vida es una oportunidad de Dios para que hagamos la diferencia. Pero, a pesar de ser un regalo, es dura. No es fácil vivir; es un mundo de muchas luchas, y nadie está exento de esas peleas. Muchos caen duro ante las batallas de la vida y, ante esos golpes, una gran cantidad de ellos ya no se levantan del suelo.

Pero, ¿qué tal si te dijera que, aunque las luchas sean inevitables, las derrotas son una opción? No podremos evitar las peleas en la vida, pero sí podemos evitar sucumbir ante ellas. ¿Qué tal si te contase y mirásemos las situaciones tan difíciles y comunes a la vez, y encontráramos juntos una salida? Lo vamos a lograr.

En este libro, quiero ir desarrollando más que capítulos. Quisiera pelear rounds y vencerlos juntos. ¿Por qué rounds? Porque en cada uno de ellos nos encontraremos luchando contra rivales muy duros. Analizaremos cómo podemos enfrentarlos y salir victoriosos en cada round que peleemos.

En este material, nos enfrentaremos a 10 rivales en 10 rounds/capítulos, tales como: el miedo, la soledad y el desánimo, el rencor, la preocupación y los problemas, la ingratitud, la tristeza, el desprecio, un futuro incierto, la duda y el orgullo. Estos serán nuestros rivales. Son duros, son grandes, son atemorizantes y siempre nos toparemos con ellos. Aun así, podemos vencerlos.

Vamos a encarar la problemática, la describiremos, y estudiaremos al rival. Desarrollaremos una estrategia, una solución o salida práctica y espiritual sobre cada capítulo/round.

Quiero demostrarte que es imposible vivir una vida sin luchas, caídas o golpes (ya te habrás dado cuenta), pero que sí es posible sobreponerse a cada una de esas luchas y llegar a ser invencible.

A través de la lectura de este libro, nos daremos cuenta que en nuestro rincón, en el cuadrilátero de la vida, encontraremos a nuestro fiel Entrenador dando las indicaciones, alentándonos a no renunciar, a no abandonar y a no rendirnos. Es muy importante escucharlo. Él sabe más que nosotros y jamás fue derrotado. Él es el verdadero INVENCIBLE.

> *Estas cosas os he hablado para que en mí tengáis paz. En el mundo tenéis tribulación; pero confiad, yo he vencido al mundo.* (Juan 16:33)

EL AMOR VS. EL MIEDO

"En el amor no hay temor, sino que el perfecto amor echa fuera el temor; porque el temor lleva en sí castigo. De donde el que teme, no ha sido perfeccionado en el amor."

Apóstol Juan
(1 Juan 4:18)

"Aprendí que el coraje no era la ausencia de miedo, sino el triunfo sobre él. El valiente no es quien no siente miedo, sino aquel que conquista ese miedo".

Nelson Mandela
(1918 – 2013)
Abogado, activista contra el apartheid, político y filántropo sudafricano que presidió su país de 1994 a 1999.

¿QUÉ ES EL MIEDO?

El miedo es una de las emociones más poderosas que nuestras mentes pueden crear y desarrollar. Es tan poderoso que puede bloquear totalmente tu capacidad de pensar, hacer, visionar y creer. Es de cuidado.

El miedo siempre estará presente para decirte lo que no puedes hacer, ni pensar, ni soñar. Depende de ti enfrentar tus miedos y enfocar tu confianza en algo más poderoso que el temor.

El temor no es el problema. Tenerlo, por lo general, es hasta normal. El problema sería que el temor nos paralice, que nos domine, que nos encadene e impida avanzar a cosas mejores. Uno teme a lo desconocido, a lo incierto.

¿Cuántas cosas no se realizaron por miedo? ¿Cuántas cosas dejaste de hacer por culpa del temor? Te habrás paralizado incontables veces dejando pasar oportunidades, no solo beneficiosas para ti sino también para los tuyos, los seres queridos que te rodean.

No debería ser así. Quiero hacer un paréntesis y, seguidamente, explicar algo.

MIEDO BUENO Y MIEDO MALO

Miedo bueno y miedo malo, ¿a qué me refiero con esto? Pues bien, el miedo malo ya lo describí anteriormente: es ese temor que nos bloquea para pensar, hacer, visionar y creer. Es un temor a vencer.

Pero el miedo bueno o de precaución es aquel que no nos bloquea ni paraliza, sino que nos advierte para tener cuidados y precauciones en el avance. No nos detiene, sino que nos sirve de alarma, de alerta para seguir avanzando, pero con cuidado.

Por lo tanto, debes prestar atención a ciertos temores que te advierten, por citar alguno, el miedo ante peligros físicos. Por ejemplo, si eres perseguido por un animal salvaje, será mejor que tengas miedo y corras o te refugies. Si tienes temor de cruzar una avenida muy transitada y eso te obliga a hacerlo con cuidado y tomar tus precauciones, ese temor no es malo. Obvio.

Pero entendamos también que, debajo de muchos miedos, se encuentran grandes oportunidades. Cuando comienzas a hacer las cosas que te asustan, es ahí cuando derribas las barreras invisibles que te separan de la buena vida que, seguramente, esperas vivir, y empiezas a vivir esa vida de propósito.

DEBAJO DE MUCHOS MIEDOS, SE ENCUENTRAN GRANDES OPORTUNIDADES.

¿QUÉ PRODUCE EL TEMOR EN NOSOTROS?

El temor nos hace sentir arrinconados, y por eso buscamos algo donde podemos tener el control.

El temor nos afecta la buena memoria. Nos hace olvidar todas las veces que tuvimos temor por algo que al final no ocurrió o por algo que sí habrá ocurrido, pero en lo cual Dios nos ayudó a salir adelante y nos guardó ante la situación. El temor crea una especie de amnesia espiritual. Embota nuestra memoria de los milagros, salidas y protección divina que, numerosas veces, vivimos. Nos hace olvidar lo que Jesús ha hecho y lo bueno que es Dios siempre.

EL TEMOR CREA UNA ESPECIE DE AMNESIA ESPIRITUAL. EMBOTA NUESTRA MEMORIA DE LOS MILAGROS QUE JESÚS HA HECHO.

El temor le saca la vida al alma.

Cuando el temor se apodera de nuestras vidas, la seguridad y la comodidad se convierten en nuestro Dios. Te pregunto: ¿Puede hacer algo grande, significativo y trascendental el que ama la excesiva seguridad? ¿Dejará un legado digno de seguir quien nunca se animó a vivir? No lo creo.

Por ejemplo, los que están llenos de temor no se animan a amar profundamente; claro, si el amor es riesgoso. Entiendo a los que, por cobardía, no lo hacen. ¿Para qué arriesgarse a amar, verdad?

Los que están llenos de temor no pueden soñar con entusiasmo. ¿Y qué pasa si tus sueños no se cumplen? "¡Lo arriesgaste todo por nada!", eso dicen.

¿Para qué arriesgarse a perder lo poco que tengo por lo mucho que puedo lograr? Pensarás que es una locura, pero –y lo sabes– es así como piensan y, muchas veces, sin darse cuenta.

El miedo a arriesgarse y la confianza puesta en la seguridad debilitan la grandeza. No me parece extraño, en lo más mínimo, que Jesucristo le haga una guerra sin tregua al temor.

Aprendí, hace unos años, que su mandamiento más frecuente incluye la frase "No temáis".

No temamos innecesariamente.

EL MIEDO A ARRIESGARSE Y LA CONFIANZA PUESTA EN LA SEGURIDAD DEBILITAN LA GRANDEZA.

¿MIEDO A QUÉ? TENDEMOS A SER NEGATIVOS

Casi siempre, lo que tememos no termina sucediendo, ¿verdad? Pero tenemos mayor tendencia a ser negativos que a ser positivos, y a esperar lo temido que a visionar lo deseado y querido.

"El miedo es ese pequeño cuarto oscuro donde los negativos son revelados", decía Michael Pritchard.

Un ejemplo sobre el temor y el negativismo sería una historia que escuché por ahí, no me acuerdo dónde ni cuándo, pero decía algo parecido a esto: en un salón, hay mil personas, y cada una con un tiquete con número, como en una rifa, como para sortear algo, y cada uno de esos números participaría del sorteo.

La primera hipótesis es que el número que salga elegido ganaría un automóvil 0 km, de paquete, un bello auto deportivo de color rojo, hermoso.

Creo que casi todos (si no todos, realmente) dirían: "No, yo no lo ganaré, jamás he ganado nada, menos ganaría ahora un automóvil 0 km", o el famoso: "Seguro que el que está sentado a mi lado lo llevará; no sé quién será, pero estoy convencido de que él o ella será quien lo lleve, no yo".

De lo que sí estamos seguros es que no seremos nosotros quienes ganen. Esa es la mentalidad de la gran mayoría. Casi siempre negativa.

Ahora bien, cambiemos la historia y vayamos a otra hipótesis. Que ahora el premio del sorteo cambie. Digámosle a los presentes que se quitará un número y que ese número elegido al azar, que alguien lo tiene sí o sí, será fusilado inmediatamente y frente a todos.

Estoy seguro de que, en ese mismo instante, a todos les entrará un miedo atroz y el salón de mil personas quedaría totalmente vacío tras la huida en estampida de los presentes, en cuestión de segundos, convencidos de que ellos son, segurísimo y sin lugar a dudas, los que tienen el número que saldrá escogido.

Serían mil personas y mil convencidos de que serán los poseedores del número de la condena.

Díganme si no es así. Las mismas posibilidades en ambos sorteos, la misma cantidad de personas y números, pero la mayoría, o todos, pensarían que el automóvil no lo habrían de ganar ellos, pero sí que él o ella hubieran sido fusilados cuando quitaran su número.

Hay personas que siempre tienen el presentimiento de que algo malo va a pasar. Nunca tienen el presentimiento de que algo bueno sucederá. ¿Verdad? Esas personas son negativas, y esa actitud, frecuentemente, se debe a un temor infundado o poco probable.

TEN VALOR

Una vez, me dijeron algo simpático: "Aunque Dios no tenga reloj o no se rija por el tiempo finito del hombre, ya que Él es eterno, Él nunca llega tarde".

Dios nunca llega tarde. Creo que los que tienen mal su reloj somos nosotros. Deberíamos sincronizarlo con el suyo.

La Biblia nos da, constantemente, ánimo a seguir luchando y a no temer. Son promesas que deben ayudarnos a seguir adelante, a pesar del temor. Aferrarnos a una de ellas, estoy seguro, nos ayudará a vencer esos miedos.

Por ejemplo:

> *"Así que, no temáis; más valéis vosotros que muchos pajarillos".* (Mateo 10:31)

> *"Y sucedió que le trajeron un paralítico, tendido sobre una cama; y al ver Jesús la fe de ellos, dijo al paralítico: Ten ánimo, hijo; tus pecados te son perdonados".* (Mateo 9:2)

> *"Por eso les digo que no se preocupen por la vida diaria, si tendrán suficiente alimento y bebida, o suficiente ropa para vestirse".* (Mateo 6:25, NTV)

> *"Oyéndolo Jesús, le respondió: No temas; cree solamente, y será salva".* (Lucas 8:50)

> *"Pero en seguida Jesús les habló, diciendo: ¡Tened ánimo; yo soy, no temáis!".* (Mateo 14:27)

"No temáis, manada pequeña, porque a vuestro Padre le ha placido daros el reino". (Lucas 12:32)

"La paz os dejo, mi paz os doy; yo no os la doy como el mundo la da. No se turbe vuestro corazón, ni tenga miedo". (Juan 14:27)

"« ¿Por qué están asustados? —les preguntó—. ¿Por qué tienen el corazón lleno de dudas?". (Lucas 24:38, NTV)

"Entonces Jesús se acercó y los tocó, y dijo: Levantaos, y no temáis". (Mateo 17:7)

"Así que no temas, porque yo estoy contigo; no te angusties, porque yo soy tu Dios. Te fortaleceré y te ayudaré; te sostendré con mi diestra victoriosa". (Isaías 41:10, NVI)

"Cuando siento miedo, pongo en ti mi confianza".
(Salmos 56:3, NVI)

"Mira que te mando que te esfuerces y seas valiente; no temas ni desmayes, porque Jehová tu Dios estará contigo en dondequiera que vayas". (Josué 1:9)

"Porque yo soy el Señor, tu Dios, que sostiene tu mano derecha; yo soy quien te dice: "No temas, yo te ayudaré".
(Isaías 41:13, NVI)

Y así, podemos dar decenas de versículos y promesas en la Biblia que nos animan a no temer, a cobrar valor, a tener ánimo y a creer.

¿POR QUÉ EL AMOR ES LO CONTRARIO AL TEMOR?

Muchos pensarán que lo contrario al temor es el valor, y hasta sería lógico y racional pensar así, lo entiendo. Pero, según la Palabra de Dios, no es así. Lo contrario al temor es el amor:

> *En el amor no hay temor, sino que el perfecto amor echa fuera el temor; porque el temor lleva en sí castigo. De donde el que teme, no ha sido perfeccionado en el amor.*
>
> (1 Juan 4:18)

"¿Por qué el amor?", dirás, y también yo lo pensaba así. Pero analizando un poco este versículo, me di cuenta de que es así: El amor es lo que vence al temor.

EL AMOR ES LO QUE VENCE AL TEMOR.

Déjame explicarte por qué. Realmente es sencillo: Cuando uno ama es capaz de cualquier cosa por lo que ama o por quienes ama. El amor es la fuerza que nos impulsa a todo. Por amor a nuestros hijos, por ejemplo, haríamos cualquier cosa, nos llenaríamos de valor para enfrentar lo que sea, y a quien sea.

El amor es el combustible, el motor y el vehículo que nos lleva a donde jamás nos imaginaríamos por culpa del temor. Uno de los frutos del amor es el valor que enfrenta a ese temor.

También debemos entender que el perfecto amor es Dios mismo. La Biblia aclara en 1 Juan 4:8.

> *"El que no ama, no ha conocido a Dios; porque Dios es amor."*

Así que, en conclusión: el mismo **Dios es quien impulsa nuestras vidas para enfrentar nuestro destino y vivir nuestros propósitos con valentía.**

No debemos permitir que el temor ocupe el lugar del amor, que nos da el valor para vencerlo.

¿CÓMO SUPERO O ENFRENTO MIS TEMORES?

> *"Porque no nos ha dado Dios espíritu de cobardía, sino de poder, de amor y de dominio propio."* (2 Timoteo 1:7)

El temor siempre golpeará nuestra puerta. No lo invites a entrar, a cenar y, sobre todo, no le ofrezcas una cama donde pasar la noche. Es un molestoso inoportuno. ¿Por qué inoportuno? Porque el temor viene en el momento cuando menos deberíamos tenerlo cerca.

Llenemos nuestro corazón con las declaraciones de Jesús sobre el no temer. "El temor puede llenar al mundo, pero no tiene por qué llenar nuestros corazones", decía el célebre escritor Max Lucado.

EL TEMOR VIENE EN EL MOMENTO CUANDO MENOS DEBERÍAMOS TENERLO CERCA.

UNA HISTORIA DE TERROR

Cuando era pequeño, con 8 o 9 años de edad, mi amado y protector padre Emilio nos advertía, a mis hermanos y a mí, que no viésemos películas de terror, como por ejemplo algunas de esas clásicas: Drácula, El hombre lobo o alguna de monstruos.

Él sabía que eso nos daría pesadillas y que no nos convenía. Ahora, de adulto, lo sé.

Pero como éramos muchas veces chicos aventureros (para no decir desobedientes, algunas veces), esperábamos que subieran a su alcoba a dormir y nosotros las veíamos en la planta baja, donde estaban la sala y nuestras habitaciones.

Lógicamente, pasaba lo que decían mis padres que pasaría. Teníamos pesadillas.

En una oportunidad, estaba yo en mi habitación después de ver una película de terror yo solo. Estaba ahí, tapado hasta la barbilla con la frazada que, creía yo, me hacía invisible o indestructible, buscando en mi habitación oscura alguno de esos malditos monstros, que seguro habían salido de la película y venían hasta mi casa a buscarme.

Mirando de reojo entre las sábanas y frazadas, podría asegurar que vi a todos ellos pasando frente a mis ojos, o al menos eso creí. La imaginación sugestionada de un niño no tiene límites.

Como un tigre salté, con la frazada puesta, de mi cama hasta la puerta de mi habitación. De ahí empecé a correr, como creo que nunca corrí ni correré más en la vida, hacia el dormitorio de mis padres. Crucé cual Flash todo el pasillo, pasando por la sala, la cocina y la habitación de mis hermanos. Llegué a la escalera y, dando algunas zancadas y saltos, llegué, en milésimas de segundos, hasta la habitación de mis padres. Abrí la puerta, ya que ellos nunca la cerraban con llave, y con un grito que casi me deja afónico y seguro despertó a los vecinos, dije: "¡Papá, los monstruos están abajo por toda la casa!".

Del susto, mis padres saltaron de la cama, preguntando nuevamente qué pasaba. Yo les volví a decir lo mismo: "¡Papá, los monstruos están abajo por toda la casa y quieren comerme!".

Recuerdo que se dijeron entre sí: "Vio películas de terror". Y bueno. Se paró mi padre, un hombre grande, y me dijo que fuéramos a mi pieza. Yo le dije que no, temblando. Él me dijo que no me preocupara, me agarró de las manos y empezamos a bajar las escaleras lentamente.

Yo estaba asustadísimo, convencido de que en segundos estaríamos siendo devorados por un montón de dráculas, hombres lobos y monstruos de todo tipo que estaban agazapados abajo, esperando.

Temblaba, pero mi padre no tenía miedo. Él estaba tranquilo, frío, firme y caminaba decididamente, inmutable.

Lo miraba mientras caminábamos, y estaba realmente sorprendido. Me preguntaba para mis adentros: "¿Quién es este hombre que no teme a nadie ni a nada?". Empecé a sentirme seguro, a pensar que estaba en buenas manos. Me transmitía seguridad.

Llegamos a mi habitación y se quedó conmigo hasta dormir. Vigilaba. Sentía su protección. Luego me quedé dormido en paz, sabiendo que alguien estaba velando por mí.

Mi papá sabía que esos monstruos no existían realmente, menos para él. Hoy lo entiendo y puedo hacer una analogía con mi vida actual.

Aunque para nosotros nuestros peores problemas actuales (enemigos, salud, económicos, futuro incierto) sean tan o más atemorizantes que los monstruos de mi niñez, para nuestro Padre celestial no existen. Él no teme a nada. No le asustan nuestros problemas o situaciones más difíciles. Él es Dios, Él tiene el control absoluto, Él sabe por dónde caminar y con Él siempre estaremos seguros y confiados.

Dios ve nuestras tormentas, nuestros más difíciles momentos, de la misma forma que mi papá miraba al monstruo en la sala.

Enfrentamos muchas tormentas en la vida, pero, estando con Jesús en la barca, no te hundirás. Tranquilo, solo cree.

TRANQUILO, SOLO CREE.

Les dejo este capítulo de la Biblia, pero en la versión Nueva Traducción Viviente. Estoy seguro que les ayudará a vencer el temor cuando este llegue:

Salmo 27

El Señor es mi luz y mi salvación, entonces ¿por qué habría de temer? El Señor es mi fortaleza y me protege del peligro, entonces ¿por qué habría de temblar? Cuando los malvados vengan a devorarme, cuando mis enemigos y adversarios me ataquen, tropezarán y caerán. Aunque un ejército poderoso me rodee, mi corazón no temerá. Aunque me ataquen, permaneceré confiado. Lo único que le pido al Señor —lo que más anhelo— es vivir en la casa del Señor todos los días de mi vida, deleitándome en la perfección del Señor y meditando dentro de su templo. Pues él me ocultará allí cuando vengan dificultades; me esconderá en su santuario. Me pondrá en una roca alta donde nadie me alcanzará. Entonces mantendré mi cabeza en alto, por encima de los enemigos que me rodean. En su santuario ofreceré sacrificios con gritos de alegría, y con música cantaré y alabaré al Señor. Escúchame cuando oro, oh Señor; ¡ten misericordia y respóndeme! Mi corazón te ha oído decir: «Ven y conversa conmigo». Y mi corazón responde: «Aquí vengo, Señor». No me des la espalda; no rechaces a tu siervo con enojo. Tú siempre has sido mi ayudador. No me dejes ahora; no me abandones, ¡oh Dios de mi salvación! Aunque mi padre y mi madre me abandonen, el Señor me mantendrá cerca. Enséñame cómo vivir, oh Señor. Guíame por el camino correcto, porque mis enemigos me esperan. No permitas que caiga en sus manos. Pues me acusan de cosas que nunca hice; cada vez que respiran, me amenazan con violencia. Sin embargo, yo confío en que veré la bondad del Señor, mientras estoy aquí, en la tierra de los vivientes. Espera con paciencia al Señor; sé valiente y esforzado; sí, espera al Señor con paciencia.

La única forma de vencer esta lucha con el temor es descansar en serio en Dios, entregarle a Él nuestros temores y esperar en Él. Es lo que creo, es lo que me funcionó.

Dios nunca falla. Estamos obligados a conocerlo mejor y a perfeccionarnos en el amor para salir a pelear un round más... y salir victoriosos en el nombre de Jesucristo y para la gloria y honra de nuestro Dios.

No temas, porque yo estoy contigo; no desmayes, porque yo soy tu Dios que te esfuerzo; siempre te ayudaré, siempre te sustentaré con la diestra de mi justicia. (Isaías 41:10)

NOCAUT AL TEMOR

El amor será el golpe más duro que le des al temor. Te impulsará a vencerlo, ya que uno por amor es capaz de cualquier cosa, incluso a enfrentar los miedos más profundos que tenemos y vencerlos. Dios te ayude y te llene de valor.

SU COMPAÑÍA VS. LA SOLEDAD Y EL DESÁNIMO

"Porque si cayeren, el uno levantará a su compañero; pero ¡ay del solo! que cuando cayere, no habrá segundo que lo levante."
(Eclesiastés 4:10)

"Una vez que la campana suena, estás solo. Solo estás tú y el otro hombre."

Joe Louis (1914 – 1981)
Campeón Mundial Peso Pesado de Boxeo
durante once años y ocho meses (1937-1949)
Récord que nadie ha conseguido superar

QUE QUEDE CLARO

La soledad es un sentimiento que se puede vencer. Muchas veces, las penurias de la vida pueden hacernos creer o pensar que estamos solos y que nadie puede ni quiere ayudarnos.

Son muy duros ciertos tipos de soledad, principalmente aquella soledad no buscada. ¿Por qué digo que son duros? Porque también hay momentos de soledad que nos ayudan a encontrarnos con nosotros mismos, con nuestras prioridades, a meditar sobre nuestros caminos y, sobre todo, a encontrarnos con nuestro creador. En este capítulo estaremos tratando ambas: la soledad mala que destruye, y la soledad buena que edifica.

La Biblia está colmada de promesas que nos afirman y aseguran que Dios no nos deja solos en ningún instante. Es más, una de las cualidades de Dios es que Él es omnipresente, lo que significa que no hay lugar en el universo y en nuestras vidas donde Él no esté presente. Esto es algo hermoso, es algo que nos da esa paz y tranquilidad que necesitamos. Podemos depositar confiadamente nuestra fe en Él y tener la plena seguridad que, si Dios está de nuestro lado, no hay nada que debamos temer.

Saber que Dios está en todos lados y de nuestro lado debería llenarnos de esperanza. Nos debe llenar de entusiasmo. Es más, una vez leí, hace muchos años, que la palabra "entusiasmo" viene del griego antiguo y significa: "lleno de Dios".

Al estar entusiasmados no podemos estar solos, ya que estamos llenos de Él.

¿QUÉ ES LA SOLEDAD?

Ahora bien, ¿qué es la soledad? ¿Cuál es su definición? Según la Real Academia Española (RAE), "viene del latín solĭtas, la **soledad** es la carencia de compañía". Se trata de un sentimiento o estado subjetivo, ya que existen distintos grados o matices de **soledad** que pueden ser percibidos de distintas formas según la persona.

Es decir que es la carencia de compañía, pero también puede ser un sentimiento o estado subjetivo, ya que podemos estar acompañados de muchas personas, pero aun así sentirnos solos. Lo desarrollaremos.

SOLEDAD FÍSICA VERSUS SOLEDAD DEL ALMA

Entendimos por la definición –y no lo discutiré porque creo lo mismo– que la soledad, por una parte, es una condición física (sin compañía) y, por otra, también es el estado de un sentimiento, o sea, del alma.

Quiero, ahora que definimos y separamos las cosas, referirme a esa soledad más peligrosa: la soledad del alma. Esa soledad que viene y está dentro nuestro aunque vivamos rodeados de personas o estemos viviendo en una gran metrópolis con millones de habitantes. Esa soledad que, muchas veces, nos mata por dentro, lenta o rápidamente. Esa soledad que nos quiere llevar de la tristeza a la depresión.

Quiero aclararte que la soledad frecuentemente es el mejor lugar para encontrarnos con nosotros mismos, pero es el peor lugar para quedarse a vivir.

LA SOLEDAD FRECUENTEMENTE ES EL MEJOR LUGAR PARA ENCONTRARNOS CON NOSOTROS MISMOS, PERO ES EL PEOR LUGAR PARA QUEDARSE A VIVIR.

La soledad del alma es un rival a vencer. Es horrible sentirse solo. Ya decía el famoso novelista francés Víctor Hugo (1802 – 1885): *"El infierno está todo en esta palabra: soledad."* Y realmente es así, en la mayoría de los casos. Es un infierno estar solo y desamparado en una situación difícil.

EN MIS ZAPATOS, EN TUS ZAPATOS

Cuando te hablo de esto, de la soledad, no te hablo desde las graderías o como un simple espectador; te hablo desde el cuadrilátero, desde la cancha misma. Muchas veces me encontré peleando con este sentimiento de soledad. Sé que no es fácil, sé que muchas personas, en vez de ayudarte, te juzgan, y otras solamente buscan alentarte llamándote la atención: "No puedes estar así, vos sos un hijo de Dios" o "¿qué te falta como para sentirte así? ¡Hay tantas personas que te aman!". Y así... Y todo eso es cierto, pero aun así no queremos entender o no podemos hacerlo. Esas palabras parecen entrar y salir muchas veces sin causar efecto. Pero también reconozco que muchas veces sí lo hacen. Es más, en el transcurso del capítulo también las estaré utilizando como armas para vencer a este rival.

El problema es que nadie está en tus zapatos ni en los míos. Es muy fácil juzgar desde afuera. Todos son los mejores directores técnicos en las graderías de la cancha de fútbol o los mejores entrenadores desde la silla de espectador de una pelea de boxeo. Pero la verdad es que la lucha que uno lleva con la soledad es solo de uno contra ella. Durísima y peligrosa.

Es bueno saber que hay otros que también vivieron esto y lo superaron. Eso nos ayuda, si escuchamos sus consejos, a salir adelante y vencer esta pelea.

Aclaro que no quiere decir que si la vencemos ahora no vuelva en el futuro a retarte a una nueva pelea. Quizá lo vuelva a hacer, y no solo una, sino varias veces, pero cada vez seremos más fuertes y ya sabremos cómo vencerla para salir adelante.

SOLOS EN LA CÁRCEL DEL DESÁNIMO Y LA SOLEDAD, AUN ASÍ PODEMOS SER LIBRES

Estar solo es como estar encarcelado. Es una cárcel interior que nos impide disfrutar, vivir la libertad y soñar.

Cuando uno está prisionero, privado de su libertad, sus expectativas disminuyen casi a cero. Su visión de vida se limita solo al momento y a esas cuatro paredes, techo y piso que lo rodean. No hay una esperanza real, ya que está encerrado.

La soledad nos encierra y nos lleva al punto, incluso, de desanimarnos y autodestruirnos.

Ahora bien, ¿qué es el desánimo? Según el diccionario es: "Falta de ánimo, fuerza o energía para hacer, resolver o emprender algo".

La soledad nos puede llevar a un encierro, y ese encierro a un desánimo que, a la vez, no nos deja emprender ni resolver nada. Nos quita las ganas de soñar.

Nos lleva a vivir como un ermitaño entre muchas personas. Irónico, ¿no? Pero es así. Y quien está pasando por la soledad y el desánimo me va a entender.

UNA PROMESA DIVINA

Hay salida. Dios quiere darnos libertad y victoria en esta área. La Biblia habla de eso. Hay un hermoso salmo que quiero compartir con ustedes, donde está la promesa divina de que Dios puede darnos libertad de la cárcel en la que muchas veces vivimos. En el contexto de este salmo, habla de un pueblo y una situación en particular, pero yo lo tomé para mí como una promesa suya escrita en Su palabra. Te invito a que también la hagas tuya.

> *Cuando Jehová hiciere volver la cautividad de Sion, seremos como los que sueñan. Entonces nuestra boca se llenará de risa, y nuestra lengua de alabanza; entonces dirán entre las naciones: Grandes cosas ha hecho Jehová con éstos. Grandes cosas ha hecho Jehová con nosotros; estaremos alegres. Haz volver nuestra cautividad, oh Jehová, como los arroyos del Neguev. Los que sembraron con lágrimas, con regocijo segarán. Irá andando y llorando el que lleva la preciosa semilla; mas volverá a venir con regocijo, trayendo sus gavillas.*
>
> (Salmos 126)

Hermoso pasaje. Nos llena de esperanza. En pocas palabras, dice que cuando Dios nos haga libres, volveremos a soñar.

Hablamos de que esa cárcel de la soledad nos impide tener sueños, y solo la libertad nos devuelve esos sueños, visiones y ánimo que necesitamos para seguir adelante. Esa libertad genuina solo nos la puede dar Dios.

Una vez que volvamos a soñar –dice– nuestra boca se llenará de risa. ¡Wow! Qué esperanzador y hermoso. Volveremos a sonreír, dice. Solo los que sueñan pueden mirar la vida con esperanza y una sonrisa.

Y alabaremos a Dios por lo que hizo, no solo con nosotros, sino también con los demás que están a nuestro alrededor y que sufren también por vernos así.

SOLO LOS QUE SUEÑAN PUEDEN MIRAR LA VIDA CON ESPERANZA Y UNA SONRISA.

El versículo cinco da otra hermosa promesa: "*Los que sembraron con lágrimas, con regocijo segarán*".

Si decides vencer estos momentos de soledad y desánimo en el desierto, estoy seguro de que todo lo que sufriste, aquello que te costó lágrimas, tardes grises y dolor, se convertirá en una cosecha de alegría y gozo. Dios puede hacerlo. Dios puede darte libertad y compañía.

COBRA ÁNIMO

Necesitamos cobrar ánimo. El ánimo es lo contrario al desánimo, lógico. Pero tiene mucho más escondido. **El ánimo no es algo que uno tiene gracias a la circunstancias, sino a pesar de ellas.**

Uno no debería desanimarse a causa de las circunstancias, sino tratar de cobrar ánimo y cambiar esas circunstancias. Es a pesar de las circunstancias que decido levantarme, salir adelante y superar esa situación.

El ánimo es la fuerza o energía para hacer, resolver o emprender algo.

Es como un combustible que nos lleva a avanzar y salir adelante. La soledad nos desanima, nos quita el ánimo y, muchas veces, nos lleva a la depresión, otro rival, que enfrentaremos en otro capítulo.

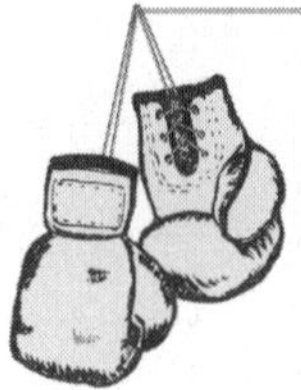

A PESAR DE LAS CIRCUNSTANCIAS, DECIDO LEVANTARME, SALIR ADELANTE Y SUPERAR ESA SITUACIÓN.

Debemos levantarnos y cobrar ánimo. Sé que la lucha es difícil y que la soledad parece real. Muchas veces lo es, pero muchas otras es solo algo subjetivo. Es lo que percibimos de un entorno que no necesariamente es así.

LA SOLEDAD QUE DIOS PERMITE Y QUE EDIFICA

> "La soledad es, a veces, la mejor compañía, y un corto retiro trae un dulce retorno".
>
> John Milton
> (poeta inglés, 1608-1674)

Hay una soledad que no necesariamente es mala. Es una soledad que, incluso, es propiciada por Dios mismo. Es una soledad que Él permite para que estemos solos y lejos de las personas y del ruido rutinario. Es una soledad para estar con Él.

Es una oportunidad no solo para estar con Él, sino también para encontrarnos con nosotros mismos, meditar y analizar las cosas de una manera más callada y tranquila.

Este tipo de soledad no es mala; como dije, es buena. Construye nuestra vida, nos anima a mirar las cosas antes de actuar; es una soledad necesaria.

Es más, en este momento estoy solo mientras escribo. Lo necesito para pensar mejor, analizar mis ideas y poder escribir sin distracciones.

Este tipo de soledad experimentaron varios, sino todos, los personajes bíblicos que Dios terminó usando, como por ejemplo: los profetas Elías y Eliseo, el patriarca Moisés, el apóstol Pablo e, incluso, Jesús mismo.

Ellos mismos se retiraban en un lugar callado para orar o meditar, para edificar su espíritu. Otras veces era Dios quien los llevaba, ya sea que literalmente los llamaba o que usaba alguna situación que los obligaba a un exilio voluntario y temporal.

Estoy seguro de que Dios lo hizo contigo muchas veces. Es importante reconocer esos momentos para aprovecharlos bien y tomar la mayor ventaja posible.

Nos ayuda mucho.

Jesús, por ejemplo, lo hizo antes de empezar su ministerio, cuando, llevado por el Espíritu Santo al desierto, fue entrenado y probado para luego empezar un ministerio fructífero. También lo hacía diariamente, a primera hora del día; lo hacía porque lo necesitaba. Se apartaba a orar y meditar, y luego salía con fuerza a hacer lo que tenía que hacer.

Te pregunto: ¿Tienes tus momentos diarios a solas? ¿Meditas en tus caminos diariamente o al menos periódicamente? ¿Oras? Si lo estás haciendo, te felicito, y si no lo estás haciendo, te animo a que lo hagas. En esos momentos podemos analizar mejor las cosas y tomar mejores decisiones, tener criterios más agudos y, principalmente, valorar mejor las cosas. Hay muchos beneficios de apartarse a solas y pensar.

¿TIENES TUS MOMENTOS DIARIOS A SOLAS? ¿MEDITAS EN TUS CAMINOS?

LA SOLEDAD DE LOS HIJOS DE DIOS QUE DUELE

Como nos dimos cuenta ya varias veces, los hijos de Dios no están fuera de experimentar el dolor de la soledad.

El rey David, por ejemplo, tuvo sus momentos duros, y esos momentos están registrados en los salmos. En el Salmo 25, del versículo 16 al 21, puedes ver el anhelo de David de estar conectado con Dios y su confianza en Él:

> *Mírame, y ten misericordia de mí, porque estoy solo y afligido. Las angustias de mi corazón se han aumentado; sácame de mis congojas. Mira mi aflicción y mi trabajo, y perdona todos mis pecados. Mira mis enemigos, cómo se han multiplicado, y con odio violento me aborrecen. Guarda mi alma, y líbrame; no sea yo avergonzado, porque en ti confié. Integridad y rectitud me guarden, porque en ti he esperado.*
>
> (Salmos 25:16-21)

Los profetas también sintieron el dolor y la soledad.

Por ejemplo, el profeta Jeremías. Los teólogos y los estudiosos se refieren a Jeremías como el "profeta en duelo". Dios lo llamó a hablar en contra de los pecadores de Judá y a advertir acerca de un juicio que podría venir, a no ser que el pueblo se arrepintiera y cambiara su camino. El capítulo 15 de Jeremías muestra al profeta hablando a Dios acerca de su soledad, de su dolor y sufrimiento. Pero, a pesar de todo eso, Jeremías confió en el Señor y lo siguió y obedeció.

Jehová reanima a Jeremías

> *Tú lo sabes, oh Jehová; acuérdate de mí, y visítame, y véngame de mis enemigos. No me reproches en la prolongación de tu enojo; sabes que por amor de ti sufro afrenta. Fueron halladas tus palabras, y yo las comí; y tu palabra me fue por gozo y por alegría de mi corazón; porque tu nombre se invocó sobre mí, oh Jehová Dios de los ejércitos. No me senté en compañía de burladores, ni me engreí a causa de tu profecía; me senté solo, porque me llenaste de indignación. ¿Por qué fue perpetuo mi dolor, y mi herida desahuciada no admitió curación? ¿Serás para mí como cosa ilusoria, como aguas que no son estables? Por tanto, así dijo Jehová: Si te convirtieres, yo te restauraré, y delante de mí estarás; y si entresacares lo precioso de lo vil, serás como mi boca. Conviértanse ellos a ti, y tú no te conviertas a ellos. Y te pondré en este pueblo por muro fortificado de bronce, y pelearán contra ti, pero no te vencerán; porque yo estoy contigo para guardarte y para defenderte, dice Jehová. Y te libraré de la mano de los malos, y te redimiré de la mano de los fuertes.* (Jeremías 15:15 – 21)

La Biblia nos cuenta que Jesús también experimentó una soledad terrible. En la cruz, Él lloró.

> *Y a la hora novena Jesús clamó a gran voz, diciendo: Eloi, Eloi, ¿lama sabactani? que traducido es: Dios mío, Dios mío, ¿por qué me has desamparado?* (Marcos 15:34)

Y en el libro del profeta Isaías leemos:

> *Fue despreciado y desechado de los hombres, varón de dolores y experimentado en aflicción; y como uno de quien los hombres esconden el rostro, fue despreciado, y no le estimamos.* (Isaías 53:3)

Es por eso que Jesús nos entiende en nuestros momentos de soledad, más que nadie, porque Él también la experimentó.

¿CÓMO ENFRENTAR LA SOLEDAD?

Antes que nada, quiero que sepas que sé lo que es el dolor de la soledad. Aunque siempre estuve rodeado de muchas personas: amigos, una gran familia y unida, personas que aman y ayudan, aun así me sentía solo en muchas oportunidades. Era algo interior, como ya dije. Algunas veces, sí me sentía solo ante situaciones que creía que nadie iba a entender y que debía atravesar solo. Tuve, tengo y tendré períodos de aislamiento emocional, soy consciente de eso. Y más que correr de esa situación, decido enfrentarla y vencerla. Sé que Dios nunca me ha abandonado, y nunca lo hará.

Entendamos que Dios quiere que todos tengamos una relación personal con Él y, además, los unos con los otros. Quiero que sepas que podemos ser confortados y consolados cuando estamos acompañados, y así respondemos acertadamente a la soledad.

Lo primero y principal que debemos hacer es tener una relación personal con Dios y a través de Jesucristo.

Dios nos creó para relacionarse con nosotros y entre nosotros. "El amor de Cristo expulsa la soledad de la vida de los hijos de Dios", dice el famoso predicador Charles Stanley.

El segundo paso, y muy importante ante esta situación y cualquier otra, es reconocer que nos sentimos solos y nos duele o nos molesta. Como creyentes, no estamos exentos de sentirnos solos. Es un estado de nuestra naturaleza humana. Ya vimos anteriormente que hombres de fe como David y Pablo sufrieron soledad, e incluso el mismo Jesucristo. Todos ellos conocieron el dolor de sentirse abandonados.

Dios siempre está con nosotros. La Biblia dice en 2 Timoteo 4:16-18:

> *En mi primera defensa ninguno estuvo a mi lado, sino que todos me desampararon; no les sea tomado en cuenta. Pero el Señor estuvo a mi lado, y me dio fuerzas, para que por mí fuese cumplida la predicación, y que todos los gentiles oyesen. Así fui librado de la boca del león. Y el Señor me librará de toda obra mala, y me preservará para su reino celestial. A él sea gloria por los siglos de los siglos. Amén.*

Tercero, **debemos buscar ayuda**. No tenemos por qué pelear solos esta batalla. Debemos tener amigos y amigos espirituales. Personas que nos aman y llorarán, reirán y tendrán esa empatía que necesitamos en ese momento. Personas que nos guíen a Dios en momentos de soledad y que nos ayuden con palabras de amor y esperanza.

No podemos negar los sentimientos de soledad, ni podemos huir de ellos. Si intentamos hacerlo, lo que lograremos es agrandar el problema. Debemos enfrentarlos valientemente y de la manera correcta.

Para terminar, pide a Dios su ayuda, como lo hizo el salmista, sin dejar de hacer lo que hablamos más arriba, y declara con fe:

> *"Mis ojos están siempre hacia Jehová, porque él sacará mis pies de la red. Mírame, y ten misericordia de mí, porque estoy solo y afligido".* (Salmos 25:15-16)

NOCAUT A LA SOLEDAD

Realmente la soledad interna es una mentira que el enemigo nos metió en algún momento y la creímos y la hicimos nuestra "solitaria compañía". Pero no es así. No mires solo a tu alrededor; mira más allá, mira a Dios. Él siempre estará ahí para ti. Te ama. Abre tus ojos físicos y emocionales, y verás que te enviará a alguien que pueda ayudarte. Nunca te dejará solo. La soledad se vence con una compañía sincera.

EL PERDÓN VS. EL RENCOR

"Más bien, sean bondadosos y compasivos unos con otros, y perdónense mutuamente, así como Dios los perdonó a ustedes en Cristo."
(Efesios 4:32, NVI)

"No puedo olvidar, pero sí perdonar".

Nelson Mandela
(1918–2013)
Abogado, activista contra el apartheid, político y filántropo sudafricano
Presidente Sudafricano 1994-1999

EL RENCOR: UN ENEMIGO DISFRAZADO DE ALIADO

El rencor es algo que numerosas personas llevan dentro. Muchos lo consideran un aliado para no olvidar el daño que alguien les hizo, o también dicen que es como un "combustible" que los mantiene esperando el momento para la venganza o para "pasar la factura" a aquellos que los lastimaron o traicionaron.

Pero, realmente, el rencor no es un aliado, es un enemigo. No es un combustible que nos mantiene vivos, es un veneno que nos mata de a poco.

EL RENCOR NO ES UN ALIADO, ES UN ENEMIGO. NO ES UN COMBUSTIBLE QUE NOS MANTIENE VIVOS, ES UN VENENO QUE NOS MATA DE A POCO.

Debemos identificar a este rival, que no solo habita con nosotros, sino en nosotros. Identificarlo como lo que es nos ayudará a darle batalla y a vencerlo.

El rencor, según el diccionario de la RAE (Real Academia Española), es un "resentimiento arraigado y tenaz". Y resentimiento es el enojo o pesar por algo.

"Pesar por algo". Lo que menos deberíamos tener es más peso sobre nuestros hombros, peso innecesario para una vida ya, de por sí, dura y pesada. Una vida que, a pesar de lo dura y difícil, queremos vivirla dignamente y alcanzar tantas cosas. No deberíamos llevar cargas que, en vez de ayudarnos, nos retrasan o incluso nos detienen.

CAER BAJO: UNA HISTORIA DE TRAICIÓN

La Biblia relata la más triste y famosa traición que se haya contado alguna vez. Cuenta la historia de un hombre que traicionó cobardemente al mejor amigo que él o cualquiera pudiera tener.

Lo traicionó, vendió y entregó a sus enemigos por nada, por una irrisoria suma de dinero; por monedas, una limosna por una vida que vale todo y una relación que lo es todo. Pero aun si hubiese sido mucho dinero, tampoco era suficiente como para traicionar tanto amor y tanta entrega como este tuvo por sus amigos. Nada justifica una traición; una deslealtad duele más que puñales en el corazón. Muchas teorías se especulan de por qué lo hizo, pero la realidad es que esa traición existió y cambió la historia, no solo del traicionero y del traicionado, sino de la humanidad. Escrito o destinado ese momento, aun así fue durísimo y triste. Esta historia tan dura y lamentable está en los evangelios. Pero escojamos uno de ellos para poder relatarlo según los testigos presentes de aquel trágico capítulo de la humanidad y de la historia.

NADA JUSTIFICA UNA TRAICIÓN; UNA DESLEALTAD DUELE MÁS QUE PUÑALES EN EL CORAZÓN.

Judas ofrece entregar a Jesús

Entonces uno de los doce, que se llamaba Judas Iscariote, fue a los principales sacerdotes, y les dijo: ¿Qué me queréis dar, y yo os lo entregaré? Y ellos le asignaron treinta piezas

> *de plata. Y desde entonces buscaba oportunidad para entregarle.* (Mateo 26:14-16)

Aquí en la primera parte, un amigo, un discípulo, un compañero de causa, un hermano, empieza a maquinar en su corazón algo tan lamentable y cobarde: el entregar a su maestro, guía, amigo y hermano a sus verdugos.

Se sabe que la traición es, muchas veces, un arma que solo pueden utilizar las personas que más amamos y en quienes confiamos.

Si un extraño habla mal de mí o busca lastimarme no es muy agradable, pero, digámoslo así, es esperable o soportable, ya que de personas que no nos conocen o no conocemos no podemos esperar mucho. Pero, ¿qué tal de un amigo entrañable, un marido o esposa amada, hijos o hermanos, donde nuestra sangre corre por sus venas? ¿Qué tal recibir una estocada de puñal por la espalda de personas de las cuales esperábamos exactamente lo contrario? Duele, y duele mucho. Judas no era un discípulo más, era un apóstol suyo; pero no solo era un apóstol, sino que entre los apóstoles era de su primer anillo; y no solo era un discípulo, apóstol y de confianza, Judas era su amigo.

> *"Y Jesús le dijo: Amigo, ¿a qué vienes? Entonces se acercaron y echaron mano a Jesús, y le prendieron."*
>
> (Mateo 26:50)

Esto habrá sido doloroso para Jesús, así como para nosotros lo es cuando nos fallan. Eso provoca un gran dolor que termina consumiendo nuestra vida con el rencor, pero Él sabía perdonar.

La segunda parte de la historia ya viene con la concreción del acto tan desleal, y está en Mateo 26:47-50.

Arresto de Jesús

Mientras todavía hablaba, vino Judas, uno de los doce, y con él mucha gente con espadas y palos, de parte de los principales sacerdotes y de los ancianos del pueblo. Y el que le entregaba les había dado señal, diciendo: Al que yo besare, ése es; prendedle. Y en seguida se acercó a Jesús y dijo: ¡Salve, Maestro! Y le besó. Y Jesús le dijo: Amigo, ¿a qué vienes? Entonces se acercaron y echaron mano a Jesús, y le prendieron.

Lo hecho, hecho está. Judas concretó la traición. Jesús fue entregado a sus enemigos, pero… ¿pudo haber odiado? Sí, pero no lo hizo. Él vio más allá de lo que estaba pasando. Él vio una oportunidad, vio todo el plan, un plan de Dios a pesar del dolor. Él sabía que esa no era toda la historia ni el fin de ella. Sabía que había algo más en todo ese doloroso acontecimiento. Guardar rencor no lo ayudaría para lo que vendría. Necesitaba conservar sano su corazón siempre. Por eso creo que Él siempre perdonaba y soltaba cuando lo traicionaban, difamaban o perseguían, porque sabía que eso podría retrasarlo de vivir el propósito que Dios tenía para con Él. No podía perder tiempo ni paz para lo que vendría. Además, Él sabía que, si algo interfería con lo que Dios quería en Él, podría ser rechazado para un plan superior.

Creo que en nuestras vidas es así también. El rencor nos nubla de ver un futuro mejor y nos ancla al ayer, solo para ver y enfocarnos en un pasado doloroso y en un presente sombrío. No lo permitamos. La libertad tiene un precio, y ese es el perdón.

LA LIBERTAD TIENE UN PRECIO, Y ESE ES EL PERDÓN.

EL PERDÓN RESTAURA PERSONAS, RELACIONES, NACIONES

Nelson Mandela era un hombre que sabía lo que era el perdón. Fue el primer presidente negro de Sudáfrica, pero antes pasó injustamente casi tres décadas como prisionero del apartheid. Cualquiera que haya sido víctima de tan injusto encierro guardaría un gran rencor sobre sus verdugos. Pero, lejos de querer vengarse, trató de ganarse al sistema y a las personas que lo pusieron tras las rejas durante 27 años. Y así logró algo que inspiró al mundo.

Cuando Nelson Mandela salió de la cárcel, el 11 de febrero de 1990, lo hizo con un discurso y una actitud de vida que impactó a esa generación, y lo sigue y seguirá haciendo en las que vengan. Su discurso era de perdón y su actitud era de paz. Pero no era para menos, ya que era un fervoroso cristiano. En varias ocasiones, atribuyó su paz y su actitud de perdón a su fe y a la Palabra de Dios.

Al asumir la presidencia de Sudáfrica como el primer hombre de color que lo hacía, dijo: "Es tiempo de curar las heridas. Tiempo de superar los abismos que nos separan. Tiempo de construir".

Durante su presidencia, Nelson Mandela demostró perdón en todos lados y con todas las personas. Lo hizo para inspirar a la mayoría negra y para tranquilizar a la minoría blanca.

Realizó muchos actos significativos que demostraban su actitud conciliadora buscando el perdón entre sus hermanos sudafricanos. Por ejemplo, almorzó con el fiscal que argumentó a favor de su encarcelamiento; tomó el té con la viuda de Hendrik Verwoerd, el primer ministro que estaba en el poder cuando él fue enviado a prisión; organizó un banquete por ocasión del pase de retiro del jefe de los servicios secretos del apartheid, Niels

Barnard; y también invitó a almorzar al procurador del proceso de 1963, Percy Yutar, que lo mandó al penal de Robben Island.

Además, su imagen impresa en la camiseta de la selección nacional de rugby, los Springboks, cuando ganaron la Copa del Mundo de 1995, marcó para muchos un punto muy importante en el ambiente de reconciliación que había.

"Hubiéramos vivido un baño de sangre si (la reconciliación) no hubiera sido nuestra política de base", dijo Nelson Mandela, más de una vez, a sus críticos de color que le reprochaban que se preocupaba demasiado por los blancos.

Dijo que "sus largos años solitarios" de cárcel habían alimentado su pensamiento, meditando mucho en lo que había aprendido desde niño.

"Mi hambre de libertad para mi pueblo se ha convertido en hambre de libertad para todos, blancos y negros. Un hombre que priva a otro hombre de su libertad es prisionero de su odio; está encerrado detrás de los barrotes de sus prejuicios y de la estrechez de espíritu", escribía.

Desmond Tutu, un arzobispo, se refirió a Nelson Mandela así: "No cabe duda que salió de la cárcel un hombre mucho más grande que el que entró en ella".

Tutu, luego, fue designado para presidir la Comisión para la Verdad y la Reconciliación, que fuera el eje central de la reconciliación nacional.

Esta Comisión escuchó a decenas de miles de víctimas y verdugos (que sufrieron e hicieron sufrir durante el apartheid, "separación" en afrikáans). Se centraba en el perdón y la amnistía a cambio de confesiones públicas que terminaron siendo verdaderas catarsis para el pueblo.

Para el 2010, toda una nación multirracial estaba unida en el Mundial de Fútbol organizado en Sudáfrica ese año, mostrando al mundo entero lo que el perdón y la reconciliación podrían lograr.

Sin duda alguna, la historia de Mandela es inspiradora y nos llama a la reflexión y a la acción. Si el hombre pudo subsanar mucho el odio racial de décadas que hubo en toda una nación aplicando el principio del perdón que había aprendido de su fe, creo que eso nos tendría que desafiar a poder utilizar ese perdón dentro de nuestros hogares, comunidades y en las relaciones personales.[1]

DIOS Y EL PERDÓN

Antes de acercarnos a Dios, tenemos que entrar a cuentas, no solo con Él, sino también con las personas a nuestro alrededor.

En cuanto a arreglar cuentas con los demás antes de acercarnos a Dios, podemos encontrar lo siguiente en Mateo 5:23-24.

> *Por tanto, si traes tu ofrenda al altar, y allí te acuerdas de que tu hermano tiene algo contra ti, deja allí tu ofrenda delante del altar, y anda, reconcíliate primero con tu hermano, y entonces ven y presenta tu ofrenda.*

A modo de aclaración: "ofrenda" no siempre se refiere solo a dinero, especies o cosas materiales, sino también a la más grande ofrenda de todas: **tu propia vida.**

---

1. https://www.excelsior.com.mx/global/2013/12/06/932301 "Nelson Mandela, un maestro del perdon"

Debemos ponernos a cuenta con los demás y con nosotros mismos. Debemos perdonar y pedir perdón. En el libro de *Romanos 12:18* dice: *"Si es posible, en cuanto dependa de vosotros, estad en paz con todos los hombres."*

LA MÁS GRANDE OFRENDA DE TODAS ES TU PROPIA VIDA.

Jesús tuvo un momento de enseñanza sobre el perdón con sus apóstoles, específicamente con Pedro. Vayamos a Mateo18:21-35.

> *Entonces se le acercó Pedro y le dijo: Señor, ¿cuántas veces perdonaré a mi hermano que peque contra mí? ¿Hasta siete? Jesús le dijo: No te digo hasta siete, sino aun hasta setenta veces siete. Por lo cual el reino de los cielos es semejante a un rey que quiso hacer cuentas con sus siervos. Y comenzando a hacer cuentas, le fue presentado uno que le debía diez mil talentos. A éste, como no pudo pagar, ordenó su señor venderle, y a su mujer e hijos, y todo lo que tenía, para que se le pagase la deuda. Entonces aquel siervo, postrado, le suplicaba, diciendo: Señor, ten paciencia conmigo, y yo te lo pagaré todo. El señor de aquel siervo, movido a misericordia, le soltó y le perdonó la deuda. Pero saliendo aquel siervo, halló a uno de sus consiervos, que le debía cien denarios; y asiendo de él, le ahogaba, diciendo: Págame lo que me debes. Entonces su consiervo, postrándose a sus pies, le rogaba diciendo: Ten paciencia conmigo, y yo te lo pagaré todo. Mas él no quiso, sino fue y le echó en la cárcel, hasta que pagase la deuda. Viendo sus consiervos lo que pasaba,*

> *se entristecieron mucho, y fueron y refirieron a su señor todo lo que había pasado. Entonces, llamándole su señor, le dijo: Siervo malvado, toda aquella deuda te perdoné, porque me rogaste. ¿No debías tú también tener misericordia de tu consiervo, como yo tuve misericordia de ti? Entonces su señor, enojado, le entregó a los verdugos, hasta que pagase todo lo que le debía. Así también mi Padre celestial hará con vosotros si no perdonáis de todo corazón cada uno a su hermano sus ofensas.*

Dios nos dio a todos los creyentes propósitos o ministerios particulares y personales, cosas que solo nosotros podemos llevar a cabo. Pero también Dios nos entregó propósitos generales, es decir, que debe llevar a cabo cualquier persona que dice ser creyente. Dios nos llamó a todos al Ministerio de la Reconciliación.

> *De modo que si alguno está en Cristo, nueva criatura es; las cosas viejas pasaron; he aquí todas son hechas nuevas. Y todo esto proviene de Dios, quien nos reconcilió consigo mismo por Cristo, y nos dio el ministerio de la reconciliación; que Dios estaba en Cristo reconciliando consigo al mundo, no tomándoles en cuenta a los hombres sus pecados, y nos encargó a nosotros la palabra de la reconciliación. Así que, somos embajadores en nombre de Cristo, como si Dios rogase por medio de nosotros; os rogamos en nombre de Cristo: Reconciliaos con Dios.* (2 Corintios 5:17-20)

Me pregunto leyendo esto: ¿Estamos ejerciendo nuestro llamado? ¿Estamos haciendo lo que aquí dice y que Dios nos mandó? ¿Somos realmente agentes de reconciliación, no solo en nuestras vidas sino también en la vida de los demás, entre nosotros y entre ellos? Esto debería llevarnos a reflexionar sinceramente.

¿EN QUÉ CONSISTE LA FALTA DE PERDÓN?

La falta de perdón puede afectar muchas cosas en el ser humano, entre las personas y dentro de cada uno.

Ya definimos qué es el rencor, pero podemos ampliar esto un poco más describiendo qué es la falta de perdón y cómo puede afectar aún más a la persona que lo tiene.

La falta de perdón es desear que la persona contraria sufra lo mismo o algo peor que lo que a mí me hizo o me pasó. Es guardar, hasta de una manera desmedida, odio, rencor, resentimiento y deseo de venganza contra alguien. Es una puerta abierta al diablo y a los demonios para destruir nuestra vida espiritual, física, emocional y psicológica.

EL RENCOR DESTRUYE MÁS A LA VÍCTIMA QUE AL VICTIMARIO. ¡CUIDADO!

La falta de perdón es una mochila muy pesada que lleva una persona que ya fue herida y maltrecha por algún dolor o traición infligidos por alguien más. Es como un castigo "plus" que llevamos ante el dolor que ya tenemos. Aunque posiblemente todavía no me entiendas, no vale la pena llevarlo.

¿POR QUÉ GUARDAMOS RENCOR Y DUELE TANTO?

En la vida hay situaciones inexplicables. Son momentos realmente duros e injustos (eso ya lo sabemos...) donde miramos para todos lados y no vemos un consuelo, solo culpables y verdugos que destruyeron o lastimaron los más íntimo de nosotros, como por ejemplo, nuestra familia y nuestra dignidad.

Muchas veces es fácil identificar lo que produce algún tipo de daño y que, otra vez, provoca un tipo de rencor; por ejemplo, cuando recibimos una ofensa o traición de un ser querido como:

- Un padre o una madre que te abandonó de pequeño.
- Un hermano o amigo que se burlaba o mofaba de ti.
- Un líder o mentor que dio un mal testimonio o te falló.
- Un compañero que te traicionó en el trabajo o en la escuela.
- Una esposa o esposo que te fue infiel y traicionó así el vínculo de confianza y amor tan fuerte.
- Un hijo malagradecido o irresponsable.

Todo eso duele. Algunas veces guardamos rencor hacia ellos y otras, incluso, culpamos a Dios por lo ocurrido.

La ofensa no necesariamente viene solo de alguien a quien conocemos, también puede venir de algún extraño que, por la sensibilidad de algunos, también nos afecta mucho.

En fin, de donde sea que venga la ofensa o traición, igual duele, es indiscutible. Son situaciones difíciles y nos dañan el corazón. Nos duele mucho.

¿QUÉ ES PERDONAR?

Perdonar, en pocas palabras, es una acción. Es el resultado de librar a una persona de un castigo personal o de una obligación.

> "El perdón libera el alma, elimina el miedo. Por eso es una herramienta tan poderosa".
>
> Nelson Mandela

No estoy haciendo una apología de la injusticia; es lo que dice la definición de perdón. No estoy hablando de que la justicia no haga lo suyo, más bien estoy hablando de liberarte el corazón, dejando en manos de Dios y de la justicia el daño que te perpetraron. Estoy hablando de que sueltes para seguir avanzando en la vida que todavía tiene tanto que ofrecer y alcanzar, pero que no lo estás pudiendo hacer porque vives, todavía, anclado al pasado.

Justamente, en la parábola que Jesús contó a Pedro y sus discípulos sobre el perdón, se habla de esto.

> *Entonces, llamándole su señor, le dijo: Siervo malvado, toda aquella deuda te perdoné, porque me rogaste. ¿No debías tú también tener misericordia de tu consiervo, como yo tuve misericordia de ti?* (Mateo18:32-33)

Perdonamos no solo porque libera a la persona, sino porque nos libera a nosotros también. Eso es, al final, lo importante: ser libres para seguir avanzando.

Y siempre necesitamos de libertad, por muchos motivos que ya sabemos y otros de los que estaremos hablando también.

EL PODER QUE TIENE EL PERDÓN

El perdón logra varias cosas positivas en nosotros y también a nuestro alrededor, como por ejemplo:

Perdonar nos acerca a Dios. Cuando no perdonas, hay algo que te separa de Dios. Cuando perdonas, tienes paz contigo, con Dios y con los demás. Así la vida es más llevadera y la puedes disfrutar más.

> *Porque si perdonáis a los hombres sus ofensas, os perdonará también a vosotros vuestro Padre celestial; mas si no perdonáis a los hombres sus ofensas, tampoco vuestro Padre os perdonará vuestras ofensas.* (Mateo 6:14-15)

Perdonar sana el alma y restaura relaciones. El alma se enferma cuando guardamos resentimientos. Cuando perdonamos, nuestra alma es sana y tiene vida.

CUANDO PERDONAMOS, NUESTRA ALMA ES SANA Y TIENE VIDA.

> *Y cuando estéis orando, perdonad, si tenéis algo contra alguno, para que también vuestro Padre que está en los cielos os perdone a vosotros vuestras ofensas.*
> (Marcos 11:25)

Perdonar trae sanidad física. Varias veces leímos y escuchamos cómo las emociones como la rabia y el rencor son malas, son tóxicas para la salud. Se descubrió que las personas que experimentan ansiedad, prolongados períodos de tristeza y negativismo, tensión continua, falta de perdón debido a una situación de rencor, tenían el doble de riesgo de contraer enfermedades como asma, artritis, dolores de cabeza, úlceras e, incluso, problemas cardíacos. Esto hace que las emociones sean un factor tanto de bienestar como de riesgo para las personas, es decir, son una amenaza real a la salud.

> *Confesaos vuestras ofensas unos a otros, y orad unos por otros, para que seáis sanados. La oración eficaz del justo puede mucho.* (Santiago 5:16)

Perdonar nos ayuda a vivir agradecidos. El rencor nos nubla y no nos deja vivir una vida mejor y agradecida a pesar del dolor sufrido. Nos enfoca en lo malo que nos hicieron y no nos deja ver lo bueno que sí tenemos y vale la pena.

El rencor no nos deja amar lo bueno que tenemos y a quienes tenemos, porque todo nuestro armamento emocional y espiritual está enfocado en odiar lo que no vale la pena ni siquiera recordar.

> *"Por lo cual te digo que sus muchos pecados le son perdonados, porque amó mucho; mas aquel a quien se le perdona poco, poco ama."* (Lucas 7:47)

Perdonar nos mantiene alineados con el propósito de Dios. No hay que vender el llamado y propósito de Dios en nuestras vidas por cualquier cosa, enojo u ofensa. ¿Acaso no vale más el propósito de Dios para tu vida que eso?

> *Mirad bien, no sea que alguno deje de alcanzar la gracia de Dios; que brotando alguna raíz de amargura, os estorbe, y por ella muchos sean contaminados; no sea que haya algún fornicario, o profano, como Esaú, que por una sola comida vendió su primogenitura. Porque ya sabéis que aun después, deseando heredar la bendición, fue desechado, y no hubo*

> *oportunidad para el arrepentimiento, aunque la procuró con lágrimas.* (Hebreos 12:15-17)

Cuando no perdonamos, nos calibramos con los planes del infierno, porque Satanás vino para matar nuestro llamado. Cuando perdonamos, nos alineamos con la voluntad y los planes de Dios.

CUANDO PERDONAMOS, NOS ALINEAMOS CON LA VOLUNTAD Y LOS PLANES DE DIOS.

Perdonar nos hace libres. Cuando no perdonamos, le damos derecho a Satanás de oprimirnos y atormentarnos. La depresión, la culpa, los vicios, la droga, el alcoholismo, la ansiedad, las enfermedades, la pobreza y hasta el suicidio son las armas y consecuencias que usa para eliminarnos. Al perdonar, empieza un periodo de sanidad y libertad que para algunos, incluso, es inmediato: una libertad real, no fingida.

> *«El Espíritu del Señor está sobre mí, por cuanto me ha ungido para anunciar buenas nuevas a los pobres. Me ha enviado a proclamar libertad a los cautivos y dar vista a los ciegos, a poner en libertad a los oprimidos, a pregonar el año del favor del Señor».* (Lucas 4:18-19, NVI)

¿CÓMO PERDONAR? PASOS PARA PERDONAR

No hay secretos, ni química, ni magia; los pasos del perdón, realmente, no son pasos, es solo un paso: Toma la decisión de perdonar con todo tu corazón.

Es una decisión. No hay secretos ni fórmula mágica. Tienes que decidir hacerlo. No esperes a que alguien se arrepienta o que restituyan el daño o la ofensa, o que pase algo sobrenatural para que puedas hacerlo, porque posiblemente nunca pase. Lo importante aquí es que quedes libre del rencor y que puedas continuar la carrera que llevas adelante. Eso es lo que quiere Dios.

Si después llegase todo lo demás: arrepentimiento, daño u ofensa restituida, ya es otro tema, y sería una bendición; pero, aun así, la mayor de todas las bendiciones sería que fueras libre.

Yo tuve que perdonar muchas veces en mi vida, solo partiendo de la base que Dios me pedía en Su Palabra que perdonara. Era un acto de obediencia y fe, y sanaba mi corazón. Es liberador el perdón. Perdón es el arma que debemos utilizar en contra del rencor.

PERDÓN ES EL ARMA QUE DEBEMOS UTILIZAR EN CONTRA DEL RENCOR.

El proceso empieza a partir de la decisión de perdonar. Ese es otro tema. El proceso puede ser más difícil o puede ser fácil. Pero lo importante es que ya se empezó algo muy grande y sanador.

Puedes hacer también una lista de las personas que te han herido durante toda tu vida, y perdonarlos en oración y con la ayuda a Dios.

Quiero aclarar, como al comienzo de este capítulo, que el perdón no necesariamente significa volver a restaurar la relación con el ofensor. Eso es algo que se debe evaluar según cada situación y con la ayuda de tu líder espiritual o de algún profesional. Que esto no se confunda, por favor.

También nosotros debemos arrepentirnos y pedir perdón si fallamos o por herir a alguien más. Eso es liberador y sanador.

Pedirle perdón a Dios por guardar tanto tiempo esa falta de perdón es fundamental.

Es importante que tomemos la decisión de perdonar y dejar toda ofensa y rencor en las manos de Dios. Entendamos también nosotros que Jesús nos perdonó y Él quiere sanarte de todas tus heridas. Entrégale esta situación y ten paz. No es fácil... pero sí es posible.

NOCAUT A LA FALTA DE PERDÓN

El perdón es una emoción a la que se llega con una decisión: la decisión de perdonar "a pesar de...". Para muchos los efectos serán inmediatos y para otros serán un proceso. Lo importante es que esa decisión se tome lo antes posible y así quedar libre de este monstruo del récord que nos esclaviza al pasado malo. Véncelo con una decisión acompañada por Dios.

LA GRATITUD VS. LA INGRATITUD

*"Y la paz de Dios gobierne en vuestros corazones, a la que asimismo fuisteis llamados en un solo cuerpo; y **sed** agradecidos."*
Colosenses 3:15

"Debemos encontrar tiempo para detenernos y agradecer a las personas que hacen la diferencia en nuestras vidas".
John F. Kennedy
(35to. Presidente de los Estados Unidos)

UN CORAZÓN AGRADECIDO

Estamos en tiempos difíciles, en los que las personas muchas veces no valoran ni tampoco reconocen a los demás. Son tiempos en que, lastimosamente, la ingratitud es común. Es un mundo muy egoísta en su mayoría. Muchos no reconocen el esfuerzo del otro, y mucho menos reconocen a aquellos a quienes deberían.

La Biblia dice:

> *También debes saber esto: que en los postreros días vendrán tiempos peligrosos. Porque habrá hombres amadores de sí mismos, avaros, vanagloriosos, soberbios, blasfemos, desobedientes a los padres, ingratos, impíos.* (2 Timoteo 3:1-2)

Miren cómo la Biblia destaca la ingratitud, poniéndola al lado de cosas horribles como: soberbia, desobediencia, blasfemia, vanagloria y avaricia.

Pero, hay un remanente que sí lo hace, sí es grato, sí tiene un corazón agradecido con los demás y, sobre todo, con el Creador, con Dios. Esas personas son las que llegan lejos en la vida porque, de alguna manera, saben que no llegaron solos a donde lo hicieron. Son personas de fe, son personas agradecidas.

PARA VENCER A UN RIVAL DEBEMOS RECONOCER SUS VIRTUDES Y SUS FUERZAS, PARA NO SUBESTIMARLO.

Justamente, de eso quiero hablar en este capítulo. Quiero que nos enfrentemos a este gran rival que se llama la ingratitud y lo venzamos. Identifiquemos a este rival y reconozcamos su poder para destruir relaciones, echar puentes, cerrar puertas y construir murallas altas y gruesas. **Para vencer a un rival debemos reconocer sus virtudes y sus fuerzas, para no subestimarlo.**

Reconocer la fuerza del rival hace también que seamos conscientes y nos preparemos mejor para la pelea. No debemos hacerlo con miedo, ni tampoco con duda.

Vamos a hablar de la gratitud, de tener un corazón agradecido. Nosotros, como creyentes, como hijos de Dios, debemos ser agradecidos.

Siempre enseño algo que con la experiencia también aprendí: La gratitud no solo te abre puertas, sino también las mantiene abiertas.

LA GRATITUD NO SOLO TE ABRE PUERTAS, SINO TAMBIÉN LAS MANTIENE ABIERTAS.

Un corazón agradecido es una cualidad de la persona que dice amar a Dios.

Hay una historia en la Palabra de Dios que todos los predicadores, cuando hablan de este tema y preparan sus mensajes o sermones, la utilizan como pasaje principal por excelencia o, al menos, como una referencia. Pero en todo buen mensaje que hable sobre la gratitud y su importancia no puede faltar esta historia.

SOLO UNO

Cuentan las crónicas de la época que Jesús iba caminando rumbo a Jerusalén con algunos de sus discípulos y, en ese momento, la historia cambió para diez hombres que se animaron a salirle al camino a Aquel que todo lo puede hacer posible.

Esta historia está en Lucas 17:11-19:

> *Yendo Jesús a Jerusalén, pasaba entre Samaria y Galilea. Y al entrar en una aldea, le salieron al encuentro diez hombres leprosos, los cuales se pararon de lejos y alzaron la voz, diciendo: ¡Jesús, Maestro, ten misericordia de nosotros! Cuando él los vio, les dijo: Id, mostraos a los sacerdotes. Y aconteció que mientras iban, fueron limpiados. Entonces uno de ellos, viendo que había sido sanado, volvió, glorificando a Dios a gran voz, y se postró rostro en tierra a sus pies, dándole gracias; y éste era samaritano. Respondiendo Jesús, dijo: ¿No son diez los que fueron limpiados? Y los nueve, ¿dónde están? ¿No hubo quien volviese y diese gloria a Dios sino este extranjero? Y le dijo: Levántate, vete; tu fe te ha salvado.*

La historia es así: se le aparecen a Jesús estos hombres enfermos de lepra. Por su situación de salud, estos hombres se pararon de lejos. Es sabido que la lepra es una enfermedad contagiosa y que no tenía cura.

En un acto desesperado, estos hombres pidieron ayuda, pidieron misericordia. No les importó nada. Rompieron cualquier protocolo posible y conocido. Su atrevimiento hablaba, con las heridas abiertas de sus cuerpos, de cuál era su situación, y querían ser sanos. Sabían del poder de Jesús y querían también que Él tuviera misericordia de ellos sobre ese tema. Se estaban jugando su última carta.

Jesús, por su parte, entendió perfectamente lo que ellos querían. Es que era evidente. Además, habrán estado desesperados, ya que, como soldados emboscando al ejército contrario, se le aparecen a Jesús pidiendo auxilio y misericordia. Una pequeña y simpática observación de mi imaginación: ¡cuán grande habrá sido el susto de los discípulos que acompañaban a Jesús! De la nada, cual ladrones, ver salir a diez hombres deformados por la lepra no habrá sido una escena tranquilizadora; pero bueno, volvamos a la historia...

Con su atrevida forma de presentarse, muestran a Jesús su desesperación ante la necesidad, y la poderosa fe que tenían en Él y en el poder que tenía para sanarlos, limpiarlos y liberarlos de tan dolorosa enfermedad que los llevaba al exilio en soledad.

EL MILAGRO

Jesús les dice que vayan al sacerdote y se muestren. Pero, atiendan este "detalle": cuando Jesús les dice que vayan, ellos todavía seguían enfermos y, recién por el camino, se fueron sanando. ¿Por qué es importante atender este "detalle"? Porque ellos escucharon la orden de Jesús y obedecieron, a pesar de que todavía no veían el milagro.

Ahora, ¿por qué al sacerdote? ¿Por qué mostrarse al sacerdote? Porque en esos tiempos, era el sacerdote quien declaraba a las personas, según la ley, sanas o no. El médico daba el tratamiento y daba las indicaciones, pero en el contexto de la época y el lugar era el sacerdote quien daba –o no– de alta oficial a un enfermo de la época.

Ellos se van y, por el camino, son limpios. Todos son totalmente sanados milagrosamente de una de las peores enfermedades de la época. El milagro ocurrió y la misericordia de Dios se vio con poder y amor hacia los ahora diez exleprosos.

Pero, ¿por qué habrá casi siempre un "pero" en las historias así? Solo uno de ellos volvió a agradecer a Jesús, y además gritando y glorificando a Dios por el milagro.

Este hombre llegó llorando, pero no de tristeza, sino de alegría y gozo, y se postró a los pies de Jesús, dándole gracias. Ya era sano, ya era libre. El enviado del cielo lo hizo de nuevo; el milagro ocurrió.

¿Y EL RESTO DÓNDE ESTÁ?

¿Sentís que las personas son ingratas contigo? Tanto ayudaste o serviste y, aun así, no solo no lo reconocen, sino que tampoco ni gracias te dicen por lo que hiciste alguna vez. Es duro, lo entiendo, pero quiero decirte que no solo lo entiendo yo o lo vives tú. Jesús también lo entiende y lo vivió:

> *Respondiendo Jesús, dijo: ¿No son diez los que fueron limpiados? Y los nueve, ¿dónde están? ¿No hubo quien volviese y diese gloria a Dios sino este extranjero? Y le dijo: Levántate, vete; tu fe te ha salvado.* (Lucas 17:17-19)

Imaginen el momento donde diez hombres desesperados piden el milagro más grande de sus vidas, este se les concede y solo uno tiene la grandeza de venir y dar las gracias a quien lo hizo posible.

Qué momento doloroso y decepcionante habrá sido para Jesús ver eso. Pero así fue. Solo uno volvió de los diez. Solo uno pudo olvidar todo lo que hubiera querido hacer una vez sano, y tomarse el tiempo para venir y agradecer a quien con tanta misericordia, empatía y desinterés lo sanó. Así somos muchas veces. Jesús no solo lo vivió en esa época cuando estaba encarnado en la tierra, sino que lo sufre todos los días hasta hoy.

DAR GRACIAS

Llega este hombre, glorifica a Dios a gran voz, se postra en tierra, y dice la Biblia que **da gracias.**

Dar gracias es una forma de adoración. Es como la cereza sobre el pastel de una adoración completa, verdadera y total.

No podemos decir que adoraremos a Dios si no DAMOS las gracias también. No solo es estar agradecidos, sino también DAR las gracias.

La Biblia dice que todos, los diez, fueron sanos. Algo que aprendí hace un tiempo y quiero compartir con ustedes es lo siguiente:

La lepra era una de las peores enfermedades de la época. Déjame describirte un poco lo que implicaba estar enfermo de lepra. Estos hombres eran personas, seguramente, normales, trabajaban en algún lugar, tenían jefes y amigos con los cuales compartían. También eran padres de familia, esposos, hijos y hermanos de alguien. Llevaban adelante una vida normal y cotidiana.

Un día, seguramente, vieron una mancha o algo que no cerraba en su cuerpo, o quizá ni se dieron cuenta y la pudo haber visto su esposa o alguno de sus hijos: "Papi, ¿qué es esa mancha en tu rostro?".

Eso les llamó la atención y fueron a consultar como cualquier cosa, hasta despreocupados, dejando indicaciones a la esposa de que llegarían a cenar. Se despidieron con un beso de sus amados hijos, sin saber que sería la última vez que los tocarían y que sus labios sentirían las mejillas de su tierna hija y los labios de su amada mujer.

Al llegar, el sacerdote lo inspecciona, ve la herida y le parece raro, pero a la vez conocido. Efectivamente, resulta ser lo peor que le podía pasar: "LEPROSO". Así es declarado inmediatamente. En algunos casos, a los leprosos se les ponía una campanilla parecida al cencerro, esas campanitas al cuello que se les pone a las vacas para que se sepa que están cerca y así las personas puedan tomar distancia. Pero eso solo si se animaban a salir del exilio al que eran enviados: campamentos de leprosos donde, de a poco, morían.

Ya ni siquiera podían irse a despedir de su familia. Alguien le hacía llegar la terrible noticia a la esposa para que esta preparase algunas ropas y algo de comida para ir a dejárselas en algún lugar.

Desde una distancia muy prudencial, el leproso se despedía de su familia y recogía la ropa que le había traído su esposa. Llorando desde lejos, ese día, el hombre trabajador, esposo, padre, hijo y amigo lo dejaba de ser para convertirse en un exiliado de la sociedad, por culpa de una enfermedad que le tocó vivir, porque nadie busca la lepra. La enfermedad no solo lo mataba por fuera de a poco, lo mataba por dentro de inmediato.

Podríamos hablar más del tema. Es una enfermedad horrible, y tuve que ser crudo para que vean cuánto dolor causaba, y así puedan entender la magnitud del pedido y del milagro que Jesús logró en ellos. Era una enfermedad que implicaba vergüenza, aislamiento, muerte segura, destierro, desazón y mucho dolor.

Al considerar todo lo que implicaba estar enfermo de lepra, cuando estos hombres fueron junto al sacerdote y se mostraron sanos habrá sido el día más glorioso de sus vidas.

Habrán vuelto a abrazar a sus hijos, a besar a sus esposas, a compartir con sus amigos, a trabajar llevando el pan dignamente a sus hogares y a disfrutar de la vida.

Al recibir este tipo de regalo es imposible no sentirse agradecido. ¿Cómo no estarlo?

Pero, de los diez leprosos que recibieron la sanidad completa, solo uno vino a DAR las gracias.

Todos estaban agradecidos; pero solo uno volvió a DAR las gracias. Solo uno lo demostró, uno lo hizo saber, uno solo tuvo esa humilde grandeza.

Así aprendí, con el mensaje de un siervo de Dios, que no es lo mismo estar agradecido que SER agradecido. Hay que demostrarlo, hay que hacerlo saber.

NO ES LO MISMO ESTAR AGRADECIDO QUE SER AGRADECIDO.

NOSOTROS

Podemos estar agradecidos por muchas cosas en la vida: por estar vestidos, tener qué comer, estar bajo un techo, tener trabajo, disfrutar de salud, disfrutar de los hijos.

Sin embargo, entendí que estar agradecidos, muchas veces, no significa que seamos agradecidos. Entendí sinceramente que hay que expresar la gratitud, no importa cuán grande o pequeño haya sido el favor o lo que pasó.

Nos quejamos y hasta lamentamos si las personas son ingratas con uno, pero nos olvidamos de que muchas veces nosotros fuimos ingratos con alguien también y que lo fuimos, muchas veces, demasiadas, con Dios.

Recuerda: alguien nos ayudó, alguien nos bendijo, alguien nos alentó en alguna situación. Pero, muchas veces, el orgullo o el egoísmo de estar encerrados en nosotros mismos nos impidieron expresar nuestra gratitud hacia esa persona o hacia Dios mismo.

Repito: estar agradecido no significa, a menudo y lastimosamente, ser agradecidos.

Pregunto, ¿cuándo fue la última vez que diste las gracias realmente a las personas que te ayudaron, bendijeron y apoyaron? No debemos solo estar agradecidos, sino también dar las gracias. Expresarlas. Decirlas. Hacerlas saber.

¿Hace cuánto no le agradeces sinceramente a Dios por las cosas pequeñas de la vida que es Él quien te las da? "*Gracias Señor por tu salvación, gracias por tu perdón, gracias por sanarme, amarme, proyectarme, levantarme, ayudarme. ¡Gracias!*"

No cuesta mucho decir gracias, y más aún si somos hijos de Dios. ¡Cuán importante es el agradecimiento!

GRATITUD, LLAVE QUE ABRE PUERTAS Y HERRAMIENTA QUE CONSTRUYE PUENTES

"Quien no agradece por poco, no agradecerá por mucho". (Proverbio estonio)

Hay una historia muy interesante en la Biblia que muestra muchos principios sobre la importancia, no solo de estar agradecidos, sino de saber serlo y de dar gratitud.

Habla sobre un guerrero que se llamaba Gedeón. Él peleó las batallas más duras; él llevó y lideró a los trescientos soldados a la victoria de su pueblo y para liberarlo; él hizo muchas cosas por amor a Dios y a su nación. Siempre lo hizo todo por el beneficio del pueblo.

Pero como todo hombre, héroe o no, nadie es inmortal en esta vida, y un día murió. Apenas muerto ese héroe, su mismo pueblo volvió a hacer lo malo, olvidando así el sacrificio y esfuerzo dados por Gedeón para liberarlos. Volvieron a ser esclavos, incluso de los enemigos de los cuales fueron liberados por Dios y Gedeón alguna vez. ¿Y por qué ocurrió este desastre y retroceso? Parece increíble, pero leyendo la historia podemos ver el problema serio ahí: Este pueblo no se mostró agradecido ni a Dios ni a Gedeón. La historia se encuentra en el libro de Jueces 8:33-35.

> *Pero aconteció que cuando murió Gedeón, los hijos de Israel volvieron a prostituirse yendo tras los baales, y escogieron por dios a Baal-berit. Y no se acordaron los hijos de Israel de Jehová su Dios, que los había librado de todos sus enemigos en derredor;* ***ni se mostraron agradecidos*** *con la casa de Jerobaal, el cual es Gedeón, conforme a todo el bien que él había hecho a Israel.*

¿Qué tiene que ver la gratitud con esto?, algunos se preguntarán, y llegaremos a eso. Pero de lo que me di cuenta en esta historia es que no solo es importante agradecer a Dios por todo, sino también a los que Dios usó para bendecirnos de alguna manera.

NO SOLO ES IMPORTANTE AGRADECER A DIOS POR TODO, SINO TAMBIÉN A LOS QUE DIOS USÓ PARA BENDECIRNOS.

Categóricamente, si Dios quiere, y va a bendecirte, usa personas para hacerlo. Hay que reconocer que la mano de Dios, muchas veces, se encuentra al final de un brazo humano.

Sabemos que todo viene de Dios y a Él primero hay que darle la honra por todo, pero no nos olvidemos de ser agradecidos también con los demás.

Miren aquí: los israelitas se olvidaron de Dios y tampoco fueron agradecidos con Gedeón que les hizo todo ese bien. Estos no se mostraron agradecidos.

Entendamos que el agradecimiento no solo se lleva por dentro, sino que hay que exteriorizarlo, hay que demostrarlo.

¿Qué cuesta un "*gracias, mi amor, por esta comida*" o "*gracias, papá y mamá, por apoyarme con mis estudios, vestirme, darme comida y techo*" o "*gracias, hijo, por esforzarte, por ser obediente, por procurar...*"?

No guardemos la gratitud solo para nosotros. No vale solo estar agradecidos por dentro, sino también demostrar agradecimiento a los demás.

Busquemos en nuestras familias, en nuestros trabajos, en nuestras escuelas y universidades, también en nuestras iglesias, a nuestros familiares, amigos y compañeros, y seamos agradecidos con ellos. Demos gratitud.

Me pregunto, ¿cuántos tenemos a alguien que Dios usó para bendecirnos de alguna manera? Bueno, entonces, vayamos y agradezcamos por todo.

INGRATITUD: ORGULLO DISFRAZADO

La ingratitud tiene consecuencias, aparte de envenenarte el alma. En la historia de Gedeón se puede observar cómo la ingratitud afectó la vida de estas personas: Ellos volvieron atrás y se prostituyeron a dioses falsos, adorándolos.

Las consecuencias de un corazón ingrato son muy malas. Y hay muchos ejemplos que puedo dar.

Un corazón ingrato es:

- Amargado.
- Frustrado.
- Envidioso o celoso.
- Quejumbroso, nada le gusta.

...y muchas cosas más.

Un corazón ingrato es terrible. Nos hace vivir una vida buena de manera mala y ciega. No nos deja ver lo bendecidos que somos a pesar de las circunstancias que vivimos.

UN CORAZÓN INGRATO NO NOS DEJAR VER LO BENDECIDOS QUE SOMOS A PESAR DE LAS CIRCUNSTANCIAS QUE VIVIMOS.

UN VIAJE EN AVIÓN

Para graficarlo mejor, quiero contar una historia que escuché relatar a un pastor al que le ocurrió esto. Compró un pasaje económico en avión, como siempre lo hacía, y para viajar se sentó en esos lugares del fondo. Los que viajamos en avión sabemos que esos lugares son realmente pequeños e incómodos, pero bueno, es lo que hay y está bien. Pero a este pastor en particular, por las millas acumuladas que tenía, le sobraban lugares en primera clase, por lo que la aeromoza vino a buscarlo del asiento en la clase turística donde estaba y lo invitó a pasar a primera, de cortesía por las millas que tenía. Él fue, muy feliz, a ese lugar.

Él se sentía muy agradecido, dijo, porque ya se había mentalizado con que volaría en la clase económica, pero al final estaba en primera.

Cuenta él que, al lado suyo, en primera clase, estaba un señor que iba quejándose por todo: que la almohada no era a lo que él estaba acostumbrado, que el jugo de naranja que servían no parecía natural... Y, en un momento dado, el señor dice, enojado: "Yo pagué caro para estar aquí y me sirven así".

Sin embargo, el pastor, que pasó de económica a primera clase, estaba feliz: la almohada era lo más cómodo que esperaba, el jugo estaba riquísimo y, además, se le sirvió en vaso de cristal, según comentó.

Este pastor entendió algo ahí; se dio cuenta de cuál era la diferencia. La diferencia era esta: que el señor que se quejaba pagó para estar ahí y él estaba de gratis.

Él entendió que uno se vuelve agradecido cuando se da cuenta de que no tiene el derecho y, sin embargo, se lo dieron. El hombre que pagó creía que tenía el derecho a quejarse por todo porque pagó para estar ahí. El pastor, no obstante, estaba ahí por pura GRACIA, un regalo. Así que, con la conciencia de que todo era un regalo inmerecido, él tenía la capacidad de disfrutar más de todo y de estar agradecido.

Cuando se es agradecido, uno no se enfoca tanto en la almohada que le falta, y se concentra en los privilegios inmerecidos que tiene.

POR ESTAR PENSANDO EN LO QUE NO TENEMOS, NO VEMOS LO QUE SÍ TENEMOS; EN VEZ DE AGRADECER POR LO QUE TENEMOS Y DISFRUTARLO, NOS QUEJAMOS POR LO QUE NO TENEMOS.

El tema es que, muchas veces, pensamos que nos merecemos todo, y realmente todo lo que tenemos es por gracia de Dios. Seguramente no tenemos la vida perfecta, pero tenemos mucho más de lo que nos merecemos. Sin embargo, por estar pensando en lo que no tenemos, no vemos lo que sí tenemos; en vez de agradecer por lo que tenemos y disfrutarlo, nos quejamos por lo que no tenemos. Y eso está mal.

Cambiemos nuestra mentalidad y agradezcamos a Dios y a los nuestros por todo, porque al final, todo es por gracia.

LA GRATITUD TIENE RECOMPENSAS

> *"Cuando damos alegremente y aceptamos con gratitud, todos somos bendecidos".*
>
> Maya Angelou,
> poetisa y autora estadounidense, 1928 – 2014

Un corazón agradecido también trae buenas consecuencias. La Biblia dice en Filipenses 4:6 lo siguiente:

> *"Por nada estéis afanosos, sino sean conocidas vuestras peticiones delante de Dios en toda oración y ruego, con acción de gracias".*

La gratitud te quita el afán. Piensen en la lista de hace rato, acerca de lo malo que produce la ingratitud. Ahora demos vuelta a aquello y veamos.

Una persona agradecida es:

- En vez de amargada, feliz.

- En vez de frustrada, vive con esperanza de que mañana será un mejor día, por la gracia de Dios.
- Vive con expectativa.
- En vez de ser envidiosa o celosa, agradece y valora lo que tiene. Es una persona feliz sabiendo que si Dios tiene el poder de darlo a otro, también tiene el poder de darle a él, si quiere.
- En vez de quejumbrosa y que no le gusta nada, valora todo, sabiendo que todo es por gracia de Dios. También en la gratitud reconoce que hay personas que le aman y ayudan y que creen en él o ella.

Hay muchas cosas buenas por las cuales podemos agradecer y, categóricamente, los beneficios son también buenos.

Uno de los mejores beneficios que encontramos al tener un corazón agradecido está en el versículo 7 de Filipenses 4:

> *"Y la paz de Dios, que sobrepasa todo entendimiento, guardará vuestros corazones y vuestros pensamientos en Cristo Jesús".*

El corazón agradecido tendrá paz. ¿Qué más podemos pedir sino un corazón con paz? La paz es lo más valioso que podemos tener.

ES UN MANDATO

> *"Y la paz de Dios gobierne en vuestros corazones, a la que asimismo fuisteis llamados en un solo cuerpo; y* ***sed*** *agradecidos".* (Colosenses 3:15)

Ser agradecidos, como dije, es un mandato bíblico. Nuevamente, entendamos bien: tenemos que SER agradecidos. No dice que ESTEMOS agradecidos, dice que SEAMOS agradecidos.

Y miren, además, lo que dice Colosenses 3:17: "*Y todo lo que hacéis, sea de palabra o de hecho, hacedlo todo en el nombre del Señor Jesús, dando gracias a Dios Padre por medio de él*".

Tenemos que hacerlo TODO en el nombre del Señor y ser agradecidos EN TODO.

AUDIENCIA CON EL REY DE REYES

¿Quién no querría entrar a tener una audiencia con el ser más poderoso del universo? ¿Cómo no querría alguien entrar a hablar y entregar sus peticiones ante el Rey de reyes y Señor de señores? Sería espectacular, ¡y es posible! Todos los días Dios está disponible para escucharnos, consolarnos, confrontarnos, darnos esperanza. La pregunta es: ¿Cómo entrar en Su presencia?

La Biblia nos dice cómo, y está en el Salmo 100:4-5:

> *Entrad por sus puertas con acción de gracias, por sus atrios con alabanza; Alabadle, bendecid su nombre. Porque Jehová es bueno; para siempre es su misericordia, y su verdad por todas las generaciones.*

Entremos por Sus puertas con acción de gracias. Sabemos que hay problemas muchas veces. Es parte de la vida. Pero seamos agradecidos igual, y más aún por eso.

ENTREMOS POR TODAS LAS PUERTAS CON GRATITUD

Te desafío a ir más allá. Quiero que te animes a entrar con acción de gracias, no solo por las puertas de la presencia de Dios, sino con la misma actitud por todas las puertas que te toque pasar. Entremos por cualquier puerta con acción de gracias.

Cuando entres por las puertas de tu casa, di:

> *Gracias, Señor por mi casa, por mi hogar, por el techo que me cubre y las paredes que me protegen. Grande o chica, lujosa o no, tengo una casa adonde volver. ¡Gracias!*

Cuando entres por la puerta de tu trabajo, di:

> *Gracias, Señor por mi trabajo, que es de bendición y me permite llevar dignamente el sustento a mi casa. Gracias por mis jefes, que me dieron esta oportunidad; por mis compañeros que me ayudan. ¡Gracias, Dios!*

Cuando entres por las puertas de tu iglesia, de tu hogar, de tu vehículo, por cualquier puerta, bendice y agradece. Poco o mucho es una bendición y Dios te la dio.

Agradezcamos en todo y con todos. Tengamos un corazón agradecido.

> *"Dedíquense a la oración: perseveren en ella con agradecimiento".* (Colosenses 4:2, NVI)

> *"Estén siempre alegres, oren sin cesar, den gracias a Dios en toda situación, porque esta es su voluntad para ustedes en Cristo Jesús".* (1 Tesalonicenses 5:16-18, NVI)

No te olvides: Seamos agradecidos. Dios es bueno.

NOCAUT A LA INGRATITUD

Da las gracias. Muéstrate agradecido siempre. Es una gran llave que te abrirá grandes puertas, e inclusive las mantendrá abiertas siempre. En un mundo con un sistema muy ingrato sé la diferencia y sé agradecido. Muéstrate como te gustaría que se muestren contigo.

LA ESPERANZA VS. LA TRISTEZA Y LA DEPRESIÓN

"¿Por qué te abates, alma mía, y por qué te turbas dentro de mí? Espera en Dios, pues he de alabarle otra vez. ¡Él es la salvación de mi ser, y mi Dios!"
Salmos 42:11, RVA-2015

"La depresión es una prisión en la que eres tanto el prisionero como el cruel carcelero".

Dra. Dorothy Rowe
Psicóloga y autora australiana

DIFERENCIA ENTRE DEPRESIÓN Y TRISTEZA; ¿SON LO MISMO?

La depresión y la tristeza muchas veces se confunden, pero son dos conceptos diferentes y, a la vez, con muchos puntos en común.

Existe una gran confusión entre ambos términos; tristeza y depresión. Vamos a definir ambos conceptos y a aclarar las dudas sobre sus semejanzas y diferencias.

Los signos y síntomas que producen la depresión y la tristeza pueden ser complicados de diferenciar para una persona poco formada en el tema. Por suerte, los profesionales de la salud mental saben que, con base en un buen número de investigaciones científicas, existen signos y señales de distinta índole que permiten diferenciar estos dos estados.

Según el psicólogo Xavier Molina, en su artículo en la plataforma digital psicologiaymente.com: "La depresión es una psicopatología en la que, por distintas causas y razones, la persona afectada manifiesta ciertos síntomas: tristeza, apatía, angustia, sentimientos de desesperanza... Es decir, que la tristeza es solo una de las facetas de la depresión.

Mientras que la tristeza es un estado mental pasajero**, las personas que sufren un cuadro depresivo están en una situación crónica de malestar y desazón.** Para ser diagnosticada con depresión, una persona debe estar por lo menos seis meses con este tipo de cuadros sintomatológicos.

En pocas palabras; la tristeza es como una emoción pasajera, pero si no se trata, puede convertirse en una depresión.

Debemos atacar la tristeza en nuestro corazón. Creo que una tristeza prolongada y no tratada puede terminar convirtiéndose en una depresión.

Quiero hacer una salvedad: la depresión debe ser tratada tanto profesionalmente (lo profesional se los dejo a los psicólogos, psiquiatras y profesionales de la salud) y también espiritual y almáticamente.

Como consejero espiritual, quiero referirme en este capítulo (y también en el resto del libro) con respecto al área espiritual y almática de las luchas personales, y de esta manera trataremos todas estas cosas.

¡CUIDADO! ESTOY TRISTE

> "Si exagerásemos nuestras alegrías, como hacemos con nuestras penas, nuestros problemas perderían importancia."
>
> Anatole France (escritor francés, 1844-1924)

Hay que estar atentos y no solo ver a los demás cuando no se sienten bien anímicamente; debemos también nosotros ver las señales de nuestro estado y analizarlo correctamente para poder enfrentarlo y vencerlo.

La Biblia dice en Salmos 139:23:

> *"Examíname, oh Dios, y conoce mi corazón; pruébame y conoce mis pensamientos".*

Debemos pedir a Dios ayuda para que nos guíe a conocer nuestro corazón. Solo Él lo conoce mejor aún de lo que nosotros lo conocemos.

La tristeza en sí no es mala, es un sentimiento que ocurre cuando pasa algo malo que no esperábamos. Eso nos puede entristecer y, de alguna manera, nos ayuda a desahogarnos de aquello que por dentro nos carcome. Ejemplos sobran: el duelo por el fallecimiento de un ser querido, la separación, la enfermedad, las malas noticias. Uno puede sentirse triste, así como también por las buenas cosas que nos ocurren, podemos sentirnos felices. Pero de lo que me quiero ocupar, o a lo que quiero dar énfasis, es en la tristeza prolongada, frecuente y además sin un motivo aparente. A esta debemos enfrentarla y vencerla.

La tristeza prolongada puede causar depresión; ¡salte de ella!

En algunas ocasiones, **la tristeza prolongada puede conducir a un caso de depresión.** La persona afectada, con el tiempo, se vuelve incapaz de hacer tareas cotidianas, se muestra afectada (lloros, aislamiento, dolor) de forma frecuente y se ve muy limitada por su estado emocional y espiritual.

Si esta situación perdura durante varios meses, es posible que la persona esté inmersa en el desarrollo de un cuadro depresivo. En la depresión, con frecuencia, no se puede identificar el hecho o el recuerdo que generó ese malestar. Eso es algo que no ocurre cuando estamos tristes; en la tristeza, de alguna manera, nos sentimos así por un hecho que conocemos.

¿Qué dice la Biblia sobre la tristeza?

La Biblia tiene muchos ejemplos de tristeza. Los Salmos están llenos de momentos en que el Rey David derramó la tristeza de su corazón delante de Dios.

Al igual que David, numerosas veces, sentimos que Dios nos ha abandonado en nuestros momentos de tristeza.

> *"¿Hasta cuándo tendré que luchar con angustia en mi alma, con tristeza en mi corazón día tras día? ¿Hasta cuándo mi enemigo seguirá dominándome?".* (Salmos 13:2, NTV)

Pero Dios es fiel y nuestra confianza en Él sí tiene un fundamento y nos alegra el corazón:

> *"Pero yo confío en tu amor inagotable; me alegraré porque me has rescatado. Cantaré al Señor porque él es bueno conmigo".* (Salmos 13:5-6, NTV)

Estar dentro de los planes de Dios nos llena de alegría y propósito, nos quita la tristeza, a pesar de los problemas, y eso nos aleja de la depresión.

La tristeza y la depresión son enemigos que vienen y van. Tendremos que luchar contra ellos mientras vivamos. Pero no te preocupes, no es algo ajeno que no les haya pasado, incluso, a grandes hombres de Dios, como al rey David. Pero David, en el Salmo 31:10, describe cómo soportó un gran dolor causado, lastimosamente, por el pecado, y eso le alejó de Dios: *"Porque mi vida se va gastando de dolor, y mis años de suspirar; se agotan mis fuerzas a causa de mi iniquidad, y mis huesos se han consumido"* (Salmos 31:10).

Pero inmediatamente, en el siguiente salmo, David se goza, se alegra en la misericordia de Dios, quien lo perdona. La tristeza de David por el pecado se convierte en una gran y poderosa bendición, por el perdón de Dios: *"Bienaventurado aquel cuya transgresión ha sido perdonada, y cubierto su pecado. Bienaventurado el hombre a quien el Señor no culpa de iniquidad, y en cuyo espíritu no hay engaño"* (Salmos 32:1-2).

UN HIJO PRÓDIGO; UNA TRISTEZA DIFERENTE

La parábola del hijo pródigo es otro ejemplo. Está en el libro de Lucas 15:11-24 y nos muestra cómo debemos tratar con la tristeza, pero esa tristeza diferente causada por el pecado.

Debemos arrepentirnos por lo que hicimos, no hay otra salida. Las etapas del arrepentimiento son: la convicción del pecado, la confesión del pecado a Dios y a aquellos que fueron afectados por el mismo, la restitución y, por último, apartarnos del pecado.

Nuestro pecado nos debería conducir a esa tristeza que se convierte en arrepentimiento. En 2 Corintios 7:10 (NTV) dice: *"Pues la clase de tristeza que Dios desea que suframos nos aleja del pecado y trae como resultado salvación. No hay que lamentarse por esa clase de tristeza; pero la tristeza del mundo, a la cual le falta arrepentimiento, resulta en muerte espiritual"*.

Se sabe y entiende que no todas las tristezas son causadas por el pecado, errores y desaciertos que cometemos. A veces la tristeza es el resultado de muchas cosas dolorosas e inesperadas que nos chocan con fuerza. Job experimentó un gran dolor y tristeza, aunque no tuvo la culpa. En un instante, se le fue arrebatado todo: sus riquezas, sus hijos, su esposa, su paz, dejando a Job sentado en un montón de cenizas, cubierto de ampollas y llagas. En Job 3:25-26, él mismo habla de su gran dolor y tristeza: *"Porque el temor que me espantaba me ha venido, y me ha acontecido lo que yo temía. No he tenido paz, no me aseguré, ni estuve reposado; no obstante, me vino turbación"*.

Para colmo, sus tres supuestos "amigos" quisieron consolarlo, pero acusándolo de pecar contra Dios. Sin embargo, no era así. A veces Dios provoca o permite circunstancias que pueden causar dolor y tristeza en nuestras vidas para Su santo propósito. Y también hay veces en que Dios ni siquiera nos explica Sus razones; y no tiene por qué hacerlo, ya que Él es soberano. Y hago un paréntesis aquí: sé que es duro y no es fácil lo que estoy diciendo, pero es así. Te animo a que, aunque no lo entiendas, conserves tu paz lo máximo que te sea posible. La Biblia dice: "*Y sabemos que a los que aman a Dios, todas las cosas les ayudan a bien, esto es, a los que conforme a su propósito son llamados*" (Romanos 8:28).

No podemos esperar comprender perfectamente Su mente infinita versus nuestra mente finita:

> *Porque mis pensamientos no son vuestros pensamientos, ni vuestros caminos mis caminos, dijo el Señor. Como son más altos los cielos que la tierra, así son mis caminos más altos que vuestros caminos, y mis pensamientos más que vuestros pensamientos.* (Isaías 55:8-9)

A veces, la perfecta voluntad de Dios incluye tristeza y dolor. No podemos negarlo, pero tengamos paz y gozo a pesar de las situaciones difíciles que vivimos. Él no permitirá una prueba o tentación mayor que lo que podamos resistir:

> *No os ha sobrevenido ninguna tentación que no sea humana; pero fiel es Dios, que no os dejará ser tentados más de lo que podéis resistir, sino que dará también juntamente con la tentación la salida, para que podáis soportar.*
> (1 Corintios 10:13)

EL MAYOR DOLOR, SUFRIMIENTO Y TRISTEZA QUE SE PUDO EXPERIMENTAR

Jesús nos entiende más que nadie. Nunca otra persona ha experimentado mayor sufrimiento que el de Jesús, un "*varón de dolores, experimentado en quebranto*", como dice el profeta en Isaías 53:3.

Su vida estuvo llena de sufrimientos. Todo su ministerio se caracterizó por el dolor que sintió, por la dureza y la incredulidad en el corazón de las personas. La noche antes de su crucifixión, "*su alma estaba muy triste, hasta la muerte*", dice en Mateo 26:38. Tan impresionante era su dolor y tristeza que Su sudor era como grandes gotas de sangre descritas en el libro de Lucas 22:44.

Pero el momento cumbre de dolor y tristeza en Su vida fue cuando, en la cruz, Su padre escondió de Él Su rostro, provocando que Jesús gritara de desesperación: "*¿Por qué me has desamparado?*" (Mateo 27:46). Con todo respeto ante la situación difícil que seguro estarás pasando y el dolor que esta te provoca, no cabe duda que ninguna tristeza que cualquiera de nosotros haya experimentado se compara con la de Jesucristo.

Jesús fue consolado y restaurado a la diestra de Su Padre después de soportar ese dolor. Y así, también nosotros podemos tener la seguridad de que, a través de las dificultades y momentos de tristeza, Dios usa esa adversidad para hacernos más como Cristo:

> *Y no sólo esto, sino que también nos gloriamos en las tribulaciones, sabiendo que la tribulación produce paciencia; y la paciencia, prueba; y la prueba, esperanza; y la esperanza*

no avergüenza; porque el amor de Dios ha sido derramado en nuestros corazones por el Espíritu Santo que nos fue dado". (Romanos 5:3-5)

DIOS NUNCA NOS DEJA SOLOS EN NUESTRO DOLOR

"Para lograr todo el valor de una alegría has de tener con quién repetirla".

Mark Twain *(1835-1910)*
Escritor y periodista estadounidense

Dios siempre está con nosotros en el dolor y se compadece de y con nuestro sufrimiento. Hebreos 4:15 dice: *"Porque no tenemos un sumo sacerdote que no pueda compadecerse de nuestras debilidades, sino uno que fue tentado en todo según nuestra semejanza, pero sin pecado".*

Confiadamente, podemos echar todas nuestras ansiedades sobre Él y confiar en el amor que Él tiene por nosotros: *"Echando toda vuestra ansiedad sobre él, porque él tiene cuidado de vosotros"*, dice en 1 Pedro 5:7.

Acerquémonos a Dios y contémosle nuestras tristezas, Él nos escucha. También tenemos la familia de Cristo, nuestros hermanos y hermanas en la fe, con quienes podemos compartir nuestras cargas, como dice y ordena Dios en Gálatas 6:2: *"Sobrellevad los unos las cargas de los otros, y cumplid así la ley de Cristo".*

No debemos aislarnos en nuestra tristeza, sino más bien buscar ayuda, tanto profesional como espiritual. No hay nada malo ni vergonzoso en ello.

Si vemos a alguien triste, debemos alentarlo, como dice Hebreos 10:24: "*Y considerémonos unos a otros para estimularnos al amor y a las buenas obras*".

NO DEBEMOS AISLARNOS EN NUESTRA TRISTEZA, SINO MÁS BIEN BUSCAR AYUDA, TANTO PROFESIONAL COMO ESPIRITUAL.

Es nuestro deber y obligación ayudar en lo que podamos al más necesitado y afligido. La vida da vueltas y, en algún momento, también nosotros o alguien a quien amamos querrá recibir esa palabra de aliento o ese brazo que nos ayude a levantarnos. Hagamos lo mismo por los demás.

Mientras estemos en este mundo, nuestra vida nunca será perfecta, pero sabemos que Dios es fiel y que, cuando Cristo regrese, la tristeza huirá y será reemplazada por el gozo. La Biblia lo promete en Isaías 35:10: "*Y los redimidos de Jehová volverán, y vendrán a Sion con alegría; y gozo perpetuo será sobre sus cabezas; y tendrán gozo y alegría, y huirán la tristeza y el gemido*". Usemos las herramientas que tenemos a mano y descansemos en la gracia y la paz del Señor.

No importa cuánto dure la noche, ni cuán oscura esté. Amanecerá y todo saldrá bien. Que Dios te llene de su gozo y ahuyente la tristeza.

NOCAUT A LA TRISTEZA Y A LA DEPRESIÓN

A este rival no lo vencerás solo o sola. Busca ayuda. Recurre a tu familia, amigos, iglesia. No te quedes callado. No está mal buscar ayuda cuando la necesitamos. Dios te ama y te ayudará a través de alguien. La tristeza y la depresión se vencen con ayuda y acompañado. Después, no solo saldrás de esta, sino que también podrás ser de ayuda y bendición para otros que estarán pasando por lo mismo.

EL RECONOCIMIENTO Y APRECIO VS. EL DESPRECIO

"Mas ellos hacían escarnio de los mensajeros de Dios, y menospreciaban sus palabras, burlándose de sus profetas, hasta que subió la ira de Jehová contra su pueblo, y no hubo ya remedio".
2 Crónicas 36:16

"El desprecio es una especie de gangrena que, si se apodera de una parte de un carácter, corrompe todo el resto por etapas".

Samuel Johnson (1709-1784)
Poeta, ensayista, biógrafo y lexicógrafo inglés

¿QUÉ ES EL DESPRECIO? ¿QUÉ SIGNIFICA?

Es bueno empezar definiendo textualmente aquello a lo que vamos a referirnos ahora. Según Wikipedia.org, el desprecio, "en psicología y otras ciencias sociales, es una intensa sensación de falta de respeto o reconocimiento y aversión. El desprecio supone la negación y humillación del otro de quien se pone en duda su capacidad e integridad moral. Es similar al odio, pero implica un sentimiento de superioridad. Una persona que tiene desprecio por otra mira a esta con condescendencia. La persona despreciada es considerada indigna. El desprecio puede estar relacionado con sentimientos de indignación y amargura".

El desprecio es fuente de muchos de los problemas en las relaciones interpersonales, como afirmaba Voltaire: "Todo es soportable salvo el desprecio".

En pocas palabras, el desprecio es lo contrario a la empatía. La empatía, en un sentido popular, es ponerse en el lugar de la otra persona, en sus "zapatos", como dice el dicho. La empatía es la capacidad de experimentar sus emociones y comprender sus ideas lo mejor que se pueda; al contrario del desprecio, que implica una actitud arrogante, de superioridad sobre el otro, con la cual se le ubica en la posición de ser juzgado por considerársele menos o indigno. La empatía ayuda a construir una relación, mientras que el desprecio la destruye.

LA EMPATÍA AYUDA A CONSTRUIR UNA RELACIÓN, MIENTRAS QUE EL DESPRECIO LA DESTRUYE.

LAS CAUSAS DEL DESPRECIO

El desprecio suele ser una reacción ante una situación específica, generalmente, ante el comportamiento de una persona o grupo. Podemos sentir desprecio porque nos han herido, insultado o humillado profundamente.

En otros casos, el desprecio no surge de manera automática, sino que es el resultado de una serie de conflictos recurrentes que no se han resuelto de manera satisfactoria, y que van degenerando lentamente en dirección a una actitud negativa hacia la otra persona.

Se ha demostrado que las personas con una tendencia a la empatía suelen sentir menos desprecio, ya que intentan comprender a los demás en vez de juzgarlos. Al contrario, las personas más egocéntricas y narcisistas suelen experimentar más desprecio. De hecho, cuanto más superior se considere la persona, más percibirá a los demás como inferiores y más probabilidades tendrán de despreciarlos.

HERIDAS PROFUNDAS

El desprecio es algo muy duro. Deja heridas profundas y difíciles de sanar. Te margina e, incluso, afecta la estima del despreciado. La persona despreciada comprende que no se espera nada de ella. Las miradas o los comentarios despectivos dirigidos a mostrarle que para nosotros no es nadie, conducen a una disminución de la confianza en sí mismo y a una sensación de incompetencia. Al ser tratada como alguien inferior, puede comenzar a sentirse como alguien inferior. Eso genera una especie de "profecía" que se cumple en uno mismo.

El desprecio está presente en la vida diaria, en mayor o menor medida. En el entorno de trabajo, en las instituciones educativas, en la calle, ya sea en el trato con los colegas o los superiores, puede estar a la orden del día, aunque también se manifiesta en las relaciones con los familiares y a nivel social se expresa hacia determinados grupos o personas que consideramos ajenos e inferiores al nuestro.

Entendamos que el despreciar va mucho más allá de solamente decir una frase hiriente. El desprecio también se demuestra a través del tono de voz, el sarcasmo, la ironía, ninguneando a la otra persona, quitándole su lugar, haciendo un comentario desacreditándola, etc. Esto no es bueno para nadie, ni para el despreciado ni para quien desprecia. Ya lo había dicho Honoré de Balzac: "Las heridas incurables son aquellas infligidas por la lengua, los ojos, la burla y el desprecio". ¡Cuidado! Para tener muy en cuenta.

En estudios, como una investigación realizada en la Universidad Estatal de Florida[2], profesionales de la salud mental apreciaron que, cuando un grupo está expuesto al desprecio y a la exclusión, sus integrantes sufren en su autoestima y en un deterioro de la capacidad de autorregulación. Significa que esas personas no solo pierden la confianza en sí mismas, sino que también pierden esa capacidad para manejar sus emociones y comportamientos, lo que da inicio a nuevos conflictos, ya que es más probable que infrinjan las normas."Si al final no les importo a los demás, tampoco importa lo que termine haciendo", podrían pensar, y es ahí donde la cosa se complica más para todos. Es ahí donde las peores decisiones se toman, y muchas de ellas ya no tienen marcha atrás.

---

2. Consulta en línea: https://rinconpsicologia.com/que-es-el-desprecio/

UNA HISTORIA DE COMPASIÓN Y EMPATÍA

Hay una historia hermosa, llena de misericordia, compasión y empatía. Esta historia es una parábola relatada por Jesucristo a sus discípulos. Él tenía algo que enseñar. Quería hacerlo de la mejor manera para que quedara grabada no solo en la mente, sino también en el corazón de sus seguidores de ayer, hoy y siempre. Esta parábola es la del Buen Samaritano.

Quiero extraer principios de esta parábola y ver cómo tratar con este mal que tanto afectan al hombre y a toda la humanidad.

La historia está en el libro de Lucas 10:25-37.

EL BUEN SAMARITANO

> *Y he aquí un intérprete de la ley se levantó y dijo, para probarle: Maestro, ¿haciendo qué cosa heredaré la vida eterna? Él le dijo: ¿Qué está escrito en la ley? ¿Cómo lees? Aquél, respondiendo, dijo: Amarás al Señor tu Dios con todo tu corazón, y con toda tu alma, y con todas tus fuerzas, y con toda tu mente; y a tu prójimo como a ti mismo. Y le dijo: Bien has respondido; haz esto, y vivirás. Pero él, queriendo justificarse a sí mismo, dijo a Jesús: ¿Y quién es mi prójimo? Respondiendo Jesús, dijo: Un hombre descendía de Jerusalén a Jericó, y cayó en manos de ladrones, los cuales le despojaron; e hiriéndole, se fueron, dejándole medio muerto. Aconteció que descendió un sacerdote por aquel camino, y viéndole, pasó de largo. Asimismo un levita, llegando cerca de aquel lugar, y viéndole, pasó de largo. Pero un samaritano, que iba de camino, vino cerca de él, y viéndole, fue movido a misericordia; y acercándose, vendó sus heridas, echándoles aceite y vino; y poniéndole en su cabalgadura,*

> *lo llevó al mesón, y cuidó de él. Otro día al partir, sacó dos denarios, y los dio al mesonero, y le dijo: Cuídamele; y todo lo que gastes de más, yo te lo pagaré cuando regrese. ¿Quién, pues, de estos tres te parece que fue el prójimo del que cayó en manos de los ladrones? Él dijo: El que usó de misericordia con él. Entonces Jesús le dijo: Ve, y haz tú lo mismo.*

Empecemos a analizar esta parábola. De entrada, cuando le preguntan a Jesús qué deben hacer para heredar la vida eterna, Él les responde, en el versículo 27, sobre la fuerza más poderosa de todas: **el amor**.

Él les dice que deben amar a Dios con todo su corazón, fuerza y mente, y luego afirma algo sumamente poderoso también: y **ama a tu prójimo como a ti mismo**. Como habíamos enseñado anteriormente que lo contrario al desprecio es la empatía, aquí vemos que Jesús confirma esta idea. Amar a nuestro prójimo como a nosotros mismos es un grado supremo de empatía que Él estaba enseñando como prólogo o introducción a la Parábola del Buen Samaritano, que confirmaría o graficaría aún mejor este punto de empatía.

AMAR A NUESTRO PRÓJIMO COMO A NOSOTROS MISMOS ES UN GRADO SUPREMO DE EMPATÍA.

Además, la respuesta de Jesús fue la correcta, porque estos dos mandamientos resumen toda la ley.

La Parábola del Buen Samaritano, en parte, nos enseña cómo se desprecia al prójimo. Estos dos señores religiosos y "piadosos" se mostraron indiferentes con el herido y necesitado de ayuda. Es una muestra muy elocuente del desprecio al prójimo y que, además, la ley no sanciona o no la contempla.

No está lejos esta afirmación, dada hace más de dos mil años, de la actual humanidad: un sistema muy egoísta, que busca solamente su beneficio individual menospreciando a todos y prosperando a cualquier costo; pisando cabezas en vez de ayudar a vidas.

Un dato curioso es que Samaria, de donde era el personaje principal de esta historia, era la nación que los judíos más despreciaban y detestaban, con quienes no querían tener trato.

Matthew Henry, el reconocido teólogo, dijo:

> Es lamentable observar cómo el egoísmo gobierna todos los rangos; cuántas excusas los hombres harán para evitar problemas o gasto en el alivio de los demás. Pero el verdadero cristiano tiene la ley de amor escrita en su corazón. El Espíritu de Cristo mora en él; la imagen de Cristo se renueva en su alma. La parábola es una hermosa explicación de la ley de amar a nuestro prójimo como a nosotros mismos, sin tener en cuenta a la nación, partido, o cualquier otra distinción. También establece la bondad y el amor de Dios nuestro Salvador hacia pecadores, hombres miserables. Éramos como este pobre viajero en apuros. Satanás, nuestro enemigo, nos ha robado, y nos ha herido. Tal es el pecado y el mal que nos ha hecho. El bendito Jesús tuvo compasión de nosotros. El creyente considera que Jesús lo amó y

> dio su vida por él, cuando era un enemigo y un rebelde; y habiéndole mostrado misericordia, él le ordena ir y hacer lo mismo. Es el deber de todos nosotros, en nuestros lugares, y de acuerdo con nuestra capacidad, socorrer, ayudar y aliviar a todos los que están en peligro y necesidad.[3]

Jesús jamás se burló de su prójimo, de los pobres, ignorantes o necesitados; por el contrario, los ayudó a salir de ese estado de necesidad, devolviendo la vista a los ciegos, haciendo caminar a los paralíticos y expulsando demonios, curando todos sus traumas, amando incondicionalmente y con amor eterno, dice la Biblia.

Proverbios 11:12 (NVI) nos dice: *"El falto de juicio desprecia a su prójimo, pero el entendido refrena su lengua"*.

El que desprecia, según este proverbio, es una persona que no tiene juicio, que no está bien de la cabeza. Disculpen, es duro, pero así dice.

¿CÓMO LIBERARSE DEL DESPRECIO?

Hay muchas formas de guardar nuestros corazones y mentes de ser víctimas del desprecio, y lo veremos enseguida, pero antes quiero mencionar las dos únicas formas de no ser alguien que desprecia, lo cual es desagradable y horrible.

Las dos formas para no ser personas que despreciamos son sencillas y, la vez, confrontan nuestra humanidad caída: tenemos que ser **humildes** y **empáticos**. No hay secretos. Si eres una persona que desprecia a su hermano, la única forma de dejar de

---

3. Comentario de la Biblia Matthew Henry. Editorial Unilit Año 1999. Pág. 785-786

serlo es pidiéndole a Dios estas dos cosas. A Dios no le agradan las personas que no son humildes ni empáticas.

No obstante, hay acciones que, según leí en una página de psicología, pueden ayudarte a no ser alguien que desprecie a otros. Vayamos a esas recomendaciones.[4]

> **Examina tus pensamientos.** La raíz del desprecio suele encontrarse en nuestros estereotipos y prejuicios, los cuales alimentan la hostilidad y la creencia de que quienes no son iguales a nosotros son inferiores. Por eso, es fundamental escudriñar nuestros pensamientos en búsqueda de las semillas del desprecio hacia determinados grupos. Ser conscientes de esas creencias despectivas limitará su poder sobre nuestro comportamiento.
>
> **Practica la empatía.** Es difícil experimentar desprecio cuando somos capaces de ponernos en el lugar del otro. Si intentamos recorrer su camino usando sus zapatos, podemos comprender mejor sus actitudes y comportamientos, en vez de albergar sentimientos de hostilidad, ya que normalmente esta nace de la incomprensión y del miedo a lo diferente.
>
> **No busques la perfección.** La perfección no existe, pero si la buscamos en los demás y no la encontramos, corremos el riesgo de catalogarlos como inferiores y comenzar a sentir desprecio hacia ellos. Por eso, para liberarnos de este sentimiento, también debemos liberarnos de la búsqueda de la perfección. Debemos asumir que todos tenemos virtudes y defectos, y que cada quien tiene su manera de hacer las cosas y pensar, que no siempre es mejor ni peor, sino tan solo diferente.

4. Consulta en línea: https://rinconpsicologia.com/que-es-el-desprecio/

Deja de juzgar. Cuando dejamos de juzgar, encontramos la paz interior. Cuando dejamos de valorar a los demás según nuestra vara de medir, le arrebatamos el oxígeno al desprecio, de manera que no puede sobrevivir. Debemos asumir, de una vez por todas, que los demás no tienen que comportarse según nuestras expectativas y normas, y que no tenemos el derecho a juzgarlos y criticarlos.

Perdona más. El desprecio suele cocinarse a fuego lento, alimentado por las llamas del rencor. Sin embargo, si perdonamos a esa persona y le damos una segunda o tercera posibilidad, estaremos librándonos de las emociones negativas que también nos consumen y dañan. Debemos tener presente que perdonar es, sobre todo y ante todo, un acto de liberación personal.[5]

CUANDO DEJAMOS DE JUZGAR, ENCONTRAMOS LA PAZ INTERIOR.

CUIDA TU CORAZÓN Y TU MENTE

Para terminar; ¿cómo lograr no ser afectados por el desprecio? Ya vimos cuánto mal nos puede hacer y los efectos negativos que causa en uno. Por eso quiero decirte que, así como en la Parábola del Buen Samaritano Jesús demostró su amor incondicional sobre ti, Él nunca te va a abandonar ni a despreciar. La Biblia afirma eso de una manera muy contundente y específica

5. Consulta en línea: https://rinconpsicologia.com/que-es-el-desprecio/

en Salmos 27:10 (NVI): *"Aunque mi padre y mi madre me abandonen, el Señor me recibirá en sus brazos"*.

Aun si las personas que más deberían amarte y cuidarte, tus padres, te desprecian, Dios te recogerá y te amará.

No tengas en cuenta lo que te digan los que te desprecian y no te aman. Lo importante es lo que Dios dice de ti y cuánto Él te ama. Tu estima e identidad siempre tienen que estar basadas en lo que Dios dice de ti, esa es la verdad.

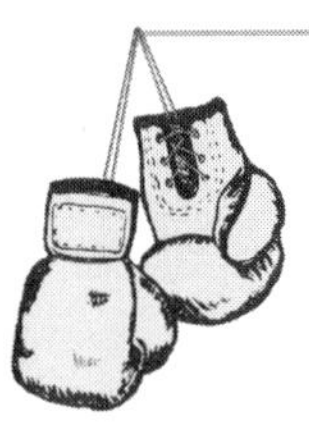

TU ESTIMA E IDENTIDAD SIEMPRE TIENEN QUE ESTAR BASADAS EN LO QUE DIOS DICE DE TI, ESA ES LA VERDAD.

> *Porque te tomé de los confines de la tierra, y de tierras lejanas te llamé, y te dije: Mi siervo eres tú; te escogí, y no te deseché. No temas, porque yo estoy contigo; no desmayes, porque yo soy tu Dios que te esfuerzo; siempre te ayudaré, siempre te sustentaré con la diestra de mi justicia. He aquí que todos los que se enojan contra ti serán avergonzados y confundidos; serán como nada y perecerán los que contienden contigo. Buscarás a los que tienen contienda contigo, y no los hallarás; serán como nada, y como cosa que no es, aquellos que te hacen la guerra. Porque yo Jehová soy tu Dios, quien te sostiene de tu mano derecha, y te dice: No temas, yo te ayudo.* (Isaías 41:9-13)

NOCAUT AL DESPRECIO

Al desprecio se le vence con empatía. Antes de juzgar debemos ponernos en el lugar de la persona y movernos con humildad. Si estás sufriendo desprecio, afianza tu identidad en Dios y en los que realmente te aman. Así este rival no tendrá poder sobre ti porque sabrás quién eres en Dios y para aquellos a quienes realmente les importas. El desprecio no tiene fuerza ante estas personas y lo vencerás fácilmente.

UNA VISIÓN CLARA VS. UN FUTURO INCIERTO

"Y Jehová me respondió, y dijo: Escribe la visión, y declárala en tablas, para que corra el que leyere en ella. Aunque la visión tardará aún por un tiempo, mas se apresura hacia el fin, y no mentirá; aunque tardare, espéralo, porque sin duda vendrá, no tardará".

Habacuc 2:2-3

"Lo único peor a no tener vista es no tener visión".

Helen Adams Keller (1880 – 1968)
Escritora y conferencista estadounidense
Ciega y sorda desde los 2 años

En honor a la verdad, vivimos en tiempos difíciles, y no importa cuándo o dónde leas esto. El pasado ya fue, el presente está difícil, y eso nos hace mirar con preocupación un futuro incierto.

Definamos *futuro:* que existirá o sucederá en un tiempo posterior al presente. *Incierto:* algo desconocido y, por eso, se percibe a menudo como algo negativo.

No es nada simpático vivir hoy sin saber bien a dónde ir mañana. No tener una visión clara hace, con frecuencia, que nos desesperemos. Nos llena de angustia, pero no tiene por qué ser así.

Y me dirás: "*No conoces ni mi presente ni a mí. ¿Cómo me puedes decir que no viva así, en la incertidumbre?*". Bueno, creo firmemente que, a pesar de tu presente y de tu situación –si no es como lo esperabas–, podemos construir un futuro mejor a partir de las decisiones correctas que tomemos hoy y, además, ser guiados y guardados por Dios para que ese futuro se visione según el propósito para el cual Él nos creó.

PRIMERO LO PRIMERO; ¿POR DÓNDE EMPEZAMOS?

Lo que nos trajo hasta aquí, a un presente que no nos gusta y que, muchas veces, no nos permite soñar con un futuro mejor, en mayor medida fueron las decisiones equivocadas que tomamos en algún punto de nuestras vidas. Pudieron ser una o varias decisiones, no importa, pero aquí estamos. En varias oportunidades, seguro, fuimos "obligados" a tomar ciertas decisiones que luego nos dimos cuenta de que no fueron correctas, eso lo entiendo. Pero, otras veces, tomamos decisiones al estilo de cómo vivimos: "a lo que venga", presionados, angustiados, ansiosos. Y eso no está bien. ¿Por qué? Porque las decisiones, no importa que sean grandes o pequeñas, no se pueden tomar a la ligera. Lo que ponemos en juego cada vez que decidimos, aunque no lo creas, es nuestra vida misma.

Para eso, deberíamos tener metas en todas las áreas, empujando nuestra existencia hacia un punto u objetivo final, que es la visión y un propósito real de vida nueva.

LO QUE PONEMOS EN JUEGO CADA VEZ QUE DECIDIMOS ES NUESTRA VIDA MISMA.

Para tener una visión más clara, considero que tenemos que hacernos unas preguntas antes de continuar. Son preguntas que siempre hago al auditorio que me escucha en alguna conferencia, cuando hablo del tema, o a las personas a quienes aconsejo sobre este punto. Vayamos a ellas y respondámoslas seriamente:

¿Dónde realmente me encuentro hoy? ¿Haciendo qué?

¿Estoy haciendo y viviendo lo que siempre soñé?

¿Cómo llegué a esto?

¿A dónde quiero llegar?

¿Dónde y cómo me veo en el futuro? ¿Haciendo qué?

¿Qué planes tengo de aquí a: uno, cinco y diez años, por lo menos?

¿Qué estoy haciendo hoy para que mi mañana sea mejor?

¿Voy a algún lado?

Creo que si respondemos estas preguntas y alguna otra que sientas hacer, entenderemos muchas cosas y se nos revelará mejor una visión de futuro clara. Antes de continuar, debemos parar un rato y analizar estas preguntas. Como se dice en la jerga futbolística, debemos parar la pelota y pensar bien la siguiente jugada. ¿Por qué parar y analizar el siguiente paso? Porque muchas personas parecen mecedoras. No se quedan quietas, se mueven mucho, pero realmente no van a ningún lado. Es una horrible y frustrante manera de vivir. ¿No te parece?

Te animo a que cuando sueñes, lo hagas en grande, bien lejos. Veas los propósitos de Dios en tu vida. Dios te creó con uno específico para ti, una misión por la cual estás en esta tierra y en esta generación. ¿Cuál es? Yo no lo sé, deberías preguntárselo a Él. Pero lo que sí sé es que no es cualquier cosa, ya que Sus propósitos son eternos y son de Él; por lo tanto, son importantes.

TE ANIMO A QUE CUANDO SUEÑES, LO HAGAS EN GRANDE, BIEN LEJOS.

UN SOÑADOR

Hay una historia en la Biblia que es imposible no mencionar al hablar de una persona con sueños y visiones de parte de Dios.

Hubo un joven destinado a grandes cosas, pero cuyo camino no fue nada fácil. Tampoco su éxito fue gratis, ni de la noche a la mañana, ni sencillo, pero lo alcanzó.

Estamos hablando de José, el de Egipto. Su historia comienza en la Biblia en el libro de Génesis, en el capítulo 37, y llega hasta la mitad del capítulo 50. Algo curioso de lo que me di cuenta es que esta historia de sueños y luchas ya está escrita en el primer libro de los 66 que tiene la Biblia, como si Dios, de esta manera y de entrada, nos quisiera animar a soñar y a luchar por lo que Él nos dio. Es como si nos dijera que las dificultades y los problemas son inevitables, pero caer rendido o claudicar ante ellos es opcional.

LAS DIFICULTADES Y LOS PROBLEMAS SON INEVITABLES, PERO CAER RENDIDO O CLAUDICAR ANTE ELLOS ES OPCIONAL.

Es impresionante lo que vemos si prestamos atención a los detalles que la Palabra de Dios nos muestra a través de su lectura y estructura.

Volvamos a José y a esta impactante historia de traición, dolor y dificultad, pero de amor, perdón y éxito, que bendecirá a miles y millones a través de los tiempos.

José tenía visiones grandes sobre su vida. Él sabía que Dios cumpliría sus promesas, tarde o temprano; que Él lo llevaría a un lugar de prosperidad, donde sería el líder, no solo de su familia sino del mundo conocido. Sería para bendición y protección de su pueblo natal y del adoptivo, Egipto.

Cada vez que José tenía un sueño, lo compartía con sus hermanos mayores con mucha alegría. Lamentablemente, sus hermanos sentían celos de él en vez de alegría, y les molestaba lo que él soñaba que llegaría a ser. Aquí hay un principio que no quiero dejar pasar para enseñárselos: Cuidado a quién cuentas tus sueños, metas y visiones. No todos los que te sonríen son tus amigos ni compartirán tus alegrías. No todos los que están a tu lado estarán felices con tus logros y alegrías. Hay personas lastimadas que actúan desde sus heridas y traumas. Cuidado. Dios te guíe con respecto a quién compartir tus metas u objetivos.

CUIDADO A QUIÉN CUENTAS TUS SUEÑOS, METAS Y VISIONES.

Otro detalle: "¿Cómo es que sus hermanos pueden envidiarlo de esa manera si es que son familia?", pensarás. Pero no te espantes, así es, muchas veces, cuando los detractores de nuestras vidas, proyectos y visiones están bajo nuestro techo. Hay casos en que esto no se da y, si así es contigo, es una bendición. Pero para muchos otros no es así. Hay veces que los que no suelen creer en tus sueños, metas o logros están en tu propia casa, entre tus seres queridos.

Como escribí en uno de mis libros, *Hasta el final*:

> Es que conocen tanto tus defectos que creen que tu vida y futuro se rigen por esos defectos y el presente que vives. Desde la primera fila de las graderías del coliseo de tu vida, saben y fueron testigos de que luchaste tantas veces como un gladiador para vencer esos malos hábitos o circunstancias, y no lo lograbas. Cuando al fin los pudiste superar, vencer y abrirte paso para visionar nuevos horizontes, no lo pudieron creer. No los culpes; cualquiera ante esas situaciones pensaría como ellos. Y en muchas oportunidades, nosotros también fuimos así con los demás. Muchas personas pasaron por esto, otros

> lo estarán pasando ahora mismo y otros, posiblemente, lo pasarán alguna vez. Tal vez no se darán cuenta del potencial que Dios puso en nosotros hasta que se manifieste, así que, tranquilos. A *Dios no le importa la opinión de los demás ni el consenso de todos. Si Él lo dijo, Él lo hará en ti"*.[6]

Los hermanos de José fueron creciendo en sus emociones hasta llegar a los actos más atroces que puedes imaginar: pasaron de los celos a la envidia y de la envidia al odio hacia él, hasta el punto que quisieron matarlo. Sin embargo, Dios lo protegió, ya que no lo asesinaron. De cualquier manera, hicieron algo terrible contra él, pero Él lo usó para cumplir el propósito que tenía sobre la vida de José y sobre su pueblo. José fue vendido como esclavo a unos extraños y llevado a un país muy lejano, Egipto. Es lamentable y horroroso lo que el odio, el celo y la envidia pueden hacer en las personas.

Pero José nunca perdió la esperanza y la fe que tenía. Esas situaciones no determinaron la visión. Lo que Dios le mostró en sueños a José, se cumpliría. Esos sueños siempre permanecieron invencibles porque José también permaneció fiel al que le dio esas visiones y sueños: a Dios.

Al final, los sueños de José se cumplieron. Esas horribles circunstancias se transformaron en algo bueno en la vida de este líder. José fue de bendición y salvación para su generación, su pueblo y su familia.

José, al cumplir su visión, también encontró el perdón. Perdonó porque vio que lo que Dios quería y le dio era mucho más grande que el rencor que podía haber guardado. Su bendición era más

6. Libro "Hasta El Final", Adolfo Agüero Esgaib. Editorial: Casa Creación. Año 2014. Pág. 10

grande, mucho más, que el daño que le hicieron. Él lo entendía perfectamente, ya que en todo el trayecto de su vida vio la mano poderosa de Dios actuando en él y en todo lo que lo rodeaba.

José terminó siendo el segundo hombre más importante y poderoso del mundo en su época. No existía hombre, solo el faraón, más influyente y encumbrado que él.

Principio básico: ni lo que opinaban los demás, ni lo que él vivió en esos años oscuros de su vida, determinaron o le desviaron de lo que sería su visión y sueños del futuro, aquello que Dios le dio.

Superó las dificultades, avanzó con fe, pasión y esperanza, y terminó viviendo sus sueños. José fue un invencible con la ayuda de Dios.

Ten en cuenta que esa visión que tuvo le dio la esperanza y las fuerzas necesarias para continuar, creer y no desviarse de lo que sería su propósito en la vida.

Puedes extraer de esta historia muchos principios que te ayudarán a continuar con la visión y los sueños que tienes. Te animarán a no darte por vencido ante las duras circunstancias.

LA SITUACIÓN QUE HAYAS VIVIDO O ESTÉS VIVIENDO NO TIENE POR QUÉ DETERMINAR TU FUTURO.

Debemos entender que la situación que hayas podido vivir y que, incluso, puede que estés viviendo en el presente, no tiene por qué determinar tu futuro. Todo está en la visión que puedas tener y en las decisiones que tomes a partir de ahora.

MUY IMPORTANTE: EL PLAN DE ACCIÓN, EL ENFOQUE Y LA PERSEVERANCIA

Vamos al siguiente paso después de tener una visión clara de futuro, un sueño real de parte de Dios.

Aquí vienen estos tres ingredientes que te ayudarán a alcanzar aquello que visionas. Son muy importantes: el plan de acción, el enfoque y la perseverancia.

El plan de acción: No solo es importante responder: "¿a dónde...?", sino también "*¿cómo...?*". "A dónde" será la visión y "cómo" será el plan de acción.

Debemos ponernos un plan de acción para mayor efectividad. La visión debe estar compuesta por metas medibles en el tiempo y tangibles (que se pueden percibir de manera clara y precisa), como ya dije al comienzo del capítulo. ¿Qué quiere decir esto? Que tenemos que verlas a corto plazo, a mediano plazo y a largo plazo. Unas te tienen que conducir a las otras.

Una gran visión debe estar acompañada de pequeñas metas que nos lleven hasta el resultado final. Cada meta será como un escalón que nos lleva a la meta principal y nos motivarán mientras las vayamos conquistando.

El enfoque: esto es fundamental en una sociedad que nos ofrece tantas distracciones que nos alejan de nuestra visión y que nos llevan a renunciar. Siempre lo digo, y lo repito ahora: nuestro enfoque es hacer lo que Dios nos manda a hacer. Nuestro enfoque es Cristo y el propósito que Él tiene para nuestras vidas.

Se entiende por enfoque la manera a través de la cual una persona, un equipo o un grupo de personas miran una determinada meta u objetivo, arman un plan y lo llevan a cabo para alcanzarlo. Esto implica no desviarse por ningún motivo del objetivo y plan estipulado hasta conseguirlo.

¿Cómo puedo mantener el enfoque? Tengo algunas ideas para mantener el enfoque en lo que estás haciendo.

Primero que nada, ponte un límite de tiempo para hacerlo. Lo que haces debe tener un comienzo y un final, dentro de un tiempo razonable que te estipules y en el que te dediques exclusivamente a ello. Saber que está llegando el tiempo de cierre para entregarlo o finalizarlo hace que te enfoques mejor en lo que estás haciendo. Lo apliqué mientras escribía este libro. Me ayudó mucho y me mantuvo alerta.

Segundo: Ten solo un objetivo a la vez. Antes tenía un lema: "El que mucho abarca, poco aprieta". Muy conocido. Pero para mí no era suficiente. Insatisfecho con esta cita, pensé en modificarla y crear una mía: "El que mucho abarca, más oportunidades tiene". Creí, en mi poca experiencia y juventud, que tendría más oportunidades al hacer más cosas. Algunas veces era así, y otras muchas, no. El secreto está en encontrar un equilibrio entre ambas. Aunque abarques mucho, harás las tareas de una a una. Somos humanos, no Dios. Cuando eso pase, lo importante es que te enfoques en eso que estás haciendo en ese momento.

Tercero: Identifica y selecciona las tareas realmente importantes. Hay cosas importantes y otras no tan importantes. Saber qué hacer, cómo y cuándo hacerlo, te ayudará a enfocarte y a terminar más en menos tiempo, inclusive.

Cuarto: Crea buenos hábitos. Son esos hábitos los que te ayudarán para alcanzar los objetivos. La disciplina ayuda en el enfoque. Es muy difícil crear buenos hábitos sin disciplina y dominio propio. La disciplina nos mantiene enfocados. Tenemos que saber que Dios nos dio lo necesario para ser disciplinados. Nos dio un Espíritu diferente para tener ese dominio propio y disciplina para no caer derrotados, como dice en 2 Timoteo 1:7: *"Porque no nos ha dado Dios espíritu de cobardía, sino de poder, de amor y de dominio propio"*. Hábitos sencillos como dormir y despertar temprano, ponerte horas fijas de trabajo, respetar tiempo con la familia, son los que nos llevan a cambios importantes en nuestra vida y nos dan enfoque.

Y, por último, tranquilidad. ¡Vivimos tan acelerados! A menudo nos estresamos por tonterías que llenan nuestra mente y corazón. Esto nos lleva a tener una mirada dramática de las cosas y a pensar que todo es negativo. Eso, lógicamente, desmotiva. Si nos tranquilizamos podemos ver un panorama diferente y mejor. Eso produce que nuestro enfoque esté mejor.

La perseverancia: La palabra perseverancia viene del latín *perseverantia*. La perseverancia es sinónimo de constancia, persistencia, firmeza y dedicación. La perseverancia se aplica tanto en las ideas, como en las actitudes, en la realización de algo, en la ejecución de propósitos o visión. En cualquier circunstancia de la vida, el término perseverancia puede ser usado.

Para ser una persona perseverante, se debe tener una visión clara o una meta que justifique el esfuerzo, dedicación y trabajo en un período de tiempo generalmente largo, extenso.

Es por eso que se dice que la perseverancia es la clave del éxito en muchas situaciones, a pesar de que lo importante es saber cuándo perseverar y cuándo no, para tener en cuenta. Un dicho popular que leí alguna vez dice que no hay cosas imposibles, solo personas impacientes. Sir Edmund Hillary intentó, en varias ocasiones, sin éxito, escalar el monte Everest. Pero algo curioso pasó en uno de sus tantos intentos fallidos. Se puso al pie de la gran montaña y, dirigiendo un puño cerrado hacia ella, dijo fuertemente: "¡Te venceré! Porque tú no puedes ser más grande de lo que ya eres, pero yo todavía estoy creciendo". Luego siguió intentando, perseveró, hasta que un día lo logró.

"Los grandes son los pequeños que perseveraron", dijo una vez el ensayista estadounidense Christopher Morley. Thomas Alva Edison probó miles de formas antes de encontrar la que finalmente resultó ser útil para crear el filamento de lo que sería la bombilla eléctrica. Fue el inventor genio que pronunció la famosa cita que habla sobre la perseverancia: "El genio es un 99% transpiración y un 1% inspiración"; y la paciencia: "Muchos fracasos ocurren en personas que no se dieron cuenta de lo cerca que estuvieron del éxito". Perseverar nos hace invencibles, muchas veces.

PERSEVERAR NOS HACE INVENCIBLES, MUCHAS VECES.

LA VISIÓN DE DIOS PARA TU VIDA

"Porque yo sé los pensamientos que tengo acerca de vosotros, dice Jehová, pensamientos de paz y no de mal, para daros el fin que esperáis." Jeremías 29:11

Dios sabe bien cuál es la visión y el propósito para nuestras vidas. Debemos preguntárselo a Él. Él solo tiene pensamientos de paz y no de mal. Pensamientos de bien para darnos el fin que esperamos.

No tengamos miedo a un futuro incierto, si es que estamos de la mano de Dios. Posiblemente, nosotros no lo sabemos, pero Dios sí lo sabe. No tenemos el control del mañana, pero Él sí. Él sabe lo que nos depara el futuro. Él tiene cuidado de nosotros. Tengamos paz, avancemos con esperanza y determinación hacia la visión que Él nos preparó.

Dios está hoy con nosotros y también está en el futuro, esperándonos.

NOCAUT AL FUTURO INCIERTO

A este rival se le vence depositando este futuro incierto a un Dios conocido y poderoso como el nuestro. Si estás con Dios, no tengas miedo al futuro. Descansa en Él. Que Él te provea de una visión y propósito claros y avanza con fe. Dios pelea por ti.

LA HUMILDAD VS. EL ORGULLO

"El orgullo lleva a la deshonra, pero con la humildad viene la sabiduría".
Proverbios 11:2 (NTV)

"Un hombre orgulloso siempre está menospreciando las cosas y las personas; y, por supuesto, mientras mires hacia abajo, no puedes ver algo que está por encima de ti".

C. S. Lewis. 1898 – 1963
Medievalista, apologista cristiano, crítico literario, novelista, académico, locutor de radio y ensayista británico.

¿SERÉ YO, MAESTRO?

Por más que no somos, seguramente, como Judas, y quizá este no sea el mismo caso, porque no hablaremos de traición, estoy seguro de que más de uno de ustedes que ahora están leyendo este capítulo se estarán preguntando lo mismo que él, pero en cuanto al orgullo. "¿Seré yo, maestro?", cuestionarás. Y déjame decirte que si pensaste o no si eras orgulloso, por el solo hecho de dudarlo, quiere decir que ya lo eres. Sí, mi querido lector y lectora, somos todos orgullosos en mayor o menor medida, y en la mayoría de las veces. No pienses en otro o en otra, piensa en ti. Yo soy orgulloso. ¿Lo pueden creer? Impresionante, siendo que lo que más orgullo me da es la humildad que tengo. Es para reír un poco, pero así piensan muchos.

El orgullo, la soberbia o la petulancia no es algo que Dios, simplemente, no querría o preferiría que no tengas, y nada más. Un simple "detallito", la cosa va mucho más allá: es algo que Dios aborrece, le da asco, le provoca repulsión. Imagina: ¿qué es lo que más asco te da? ¿Algún insecto o algo podrido, algo detestable? Bueno, así Dios siente, ve o percibe el orgullo y al orgulloso.

La Biblia es muy clara en eso. No pienses que soy exagerado al escribirlo así tan gráfica y duramente. Leamos Proverbios 8:13: *"El temor de Jehová es aborrecer el mal; La soberbia y la arrogancia, el mal camino, y la boca perversa, aborrezco".*

Aborrezco. ¿Cuáles son sus sinónimos? Abominar, odiar, detestar, condenar, execrar, despreciar, asquear, repugnar, repeler, desagradar, disgustar, fastidiar, hastiar, hartar. ¡Wow! Fuertes sinónimos. Pero solo lo dije por si dudabas de lo que Dios piensa del orgullo.

Quedemos en claro con esto: Dios no tiene tratos con el orgulloso o soberbio o el altivo.

Por si quedan dudas, vamos a Proverbios 16:5, donde dice: *"Abominación es a Jehová todo altivo de corazón; ciertamente, no quedará impune"*.

DIOS NO TIENE TRATOS CON EL ORGULLOSO O SOBERBIO O EL ALTIVO.

Y así, tenemos muchos pasajes más en la Biblia donde Dios confirma cuál es la relación que tiene con el orgullo y con el orgulloso. Veremos algunos en el transcurso del capítulo.

TODO VIENE DE DIOS

Hay muchas formas, ópticas o criterios de hablar sobre el orgullo, pero me gustaría encararlo así.

¿Por qué no debemos enorgullecernos? Porque todo es un regalo inmerecido de Dios. ¿De qué podemos jactarnos o enorgullecernos? De que todo lo que Él hizo contigo es por amor a Su nombre y por Su absoluta voluntad y soberanía.

Nadie más que Él se puede llevar la gloria y honra de lo que nos pasa. Solo Él y nadie más que Él.

CUIDADO CON LAS CONSECUENCIAS DEL ORGULLOSO

¡Cuántos se jactaron en épocas anteriores y hoy están mal! ¿Verdad? Y no solo estoy hablando de personas que no creen ni conocen a Dios, ni lo tienen en cuenta ni como parámetro, sino también de personas que le servían y se jactaban de lo que hacían.

¿Dónde están hoy? Lastimosamente su soberbia les llevó a la ruina. Y como dice un amigo a quien aprecio mucho: "Y no hablo de nadie en particular, sino de todos en general". Así que, nuevamente, no pensemos en el vecino. ¿Sí? Pensemos en nosotros en todo momento.

Si no nos cuidamos, podemos terminar así también. Pero, ¿qué les pasó? La Biblia dice, en Isaías 2:12: "*Porque el día del SEÑOR de los ejércitos {vendrá} contra todo el que es soberbio y altivo, contra todo el que se ha ensalzado, y será abatido*" (LBLA).

Nunca nos volvamos soberbios. No entremos en eso. No me malentiendas, somos únicos y especiales ante los ojos de Dios, pero no nos creamos superiores por eso. ¿Me explico? No somos mejores que nadie. Dios nos regaló todo en su gracia y amor, y punto.

LA HUMILDAD NO PASA POR EL BOLSILLO O LA FAMA: PASA POR EL CORAZÓN.

No está mal que se nos "consienta" un poco: "Qué bien lo hiciste, felicidades por el premio recibido; buen trabajo; qué linda estás; qué guapo eres". En eso no veo el error. El problema está cuando ese elogio afecta tanto nuestro estado de ánimo que "se nos sube a la cabeza".

Está mal cuando afecta nuestro cerebro y nuestro espíritu. Nos olvidamos de que somos polvo y que fuimos rescatados del pecado por pura gracia.

LA HUMILDAD

Tenemos que saber: con la misma fuerza e intensidad que Dios odia la soberbia y el orgullo, ama la humildad y al humilde.

Dios bendice al humilde de corazón. Miren lo que dice la Biblia en cuanto a las personas humildes:

> *"Humillaos delante del Señor, y él os exaltará".*
> (Santiago 4:10)

> *"El altivo será humillado, pero el humilde será enaltecido".*
> (Proverbios 29:23 NVI)

> *"Riquezas, honra y vida son la remuneración de la humildad y del temor de Jehová".* (Proverbios 22:4)

¿Vieron lo que dice ahí? ¿Qué le dará o cual será la recompensa para el humilde? Leamos de nuevo Proverbios 22:4: *"Riquezas, honra y vida son la remuneración de la humildad y del temor de Jehová".*

Dios ama la humildad. En la humildad hay dependencia y arrepentimiento.

Por ejemplo, solo una persona humilde y llena del Espíritu Santo de Dios puede arrepentirse de sus pecados y alcanzar misericordia. Su gracia solo toca al humilde.

¿Cómo no amaría Dios a alguien que reconoce sus errores, que es humilde, que se arrepiente y muestra su total dependencia de Él? Y contar con el favor de Dios lo es todo.

EVALUÉMONOS; MIRA TU CORAZÓN

Uno tiene que evaluarse sinceramente. Debemos analizar quiénes somos. No confundas humildad con estima baja.

La humildad no es lamentarse por no tener nada y decir: "Pobre yo, qué humilde soy". No confundas la humildad con eso. Seamos claros.

Miremos lo que Pablo le dice a los romanos, y analicemos:

> *Digo, pues, por la gracia que me es dada, a cada cual que está entre vosotros, que no tenga más alto concepto de sí que el que debe tener, sino que piense de sí con cordura, conforme a la medida de fe que Dios repartió a cada uno.*
> (Romanos 12:3)

O sea, debemos tener un buen concepto de nosotros mismos. Pablo no escribe a personas sin Dios. Les escribe a creyentes. Atiende bien: NO MÁS ALTO (soberbia, orgullo, ya sabe). Piensen en ustedes con CORDURA.

¿Qué significa cordura? La **cordura** es una característica humana perteneciente a aquellas personas que actúan en forma racional, equilibrada, lógica, con buen juicio, prudentemente. Son coherentes en sus acciones y en la toma de decisiones.

Entonces, ¡mírate tal cual eres! ¡Ni más, NI MENOS! Mirarse de menos o el famoso "pobrecito yo" es una forma en la cual también el orgullo se disfraza.

El apóstol Pablo dice, en pocas palabras: *"Yo soy esto. No me puedo jactar Y TAMPOCO REBAJAR"*.

Hay personas tan orgullosas y soberbias que discuten hasta de lo que no saben bien. Personas así discuten en las redes sociales como grandes conocedoras, pero todos saben que no lo son. Cuidado, que no caigamos en eso.

Orgullo es querer erigirse como juez de otros, y ni siquiera salimos todavía del banco de acusados. ¡Cuidado!

El orgullo es mirar a otros como menos que a uno, o mirarlos siempre de la peor manera. El orgullo es envidia, queridos lectores.

El orgullo dice que es el único merecedor de todas las cosas: "*¿Por qué el otro o la otra tiene eso o aquello? Algo raro, seguro, habrá hecho*". Le invade un "espíritu de sospecha", como una vez escuché decir a un pastor. Critica todo. No le gusta nada que no sea de él o ella.

UNA HISTORIA DE ORGULLO Y LUEGO DE HUMILDAD

Hay una famosa historia en la Biblia, que escuché hace unos años. Está en el libro del profeta Daniel, capítulo 4, y es la historia del rey Nabucodonosor. Es una hermosa enseñanza que nunca olvidaré. Al comienzo, él fue un gran orgulloso y, después, bien humilde. ¿Qué logró este gran cambio en él?

Vayamos a esta impactante historia, leámosla toda.

NABUCODONOSOR SE VUELVE LOCO

> *Esto fue lo que soñé: En medio de la tierra había un árbol muy alto. No había otro árbol más fuerte; no había otro árbol más grande. Se podía ver desde lejos, y llegaba hasta el cielo. Eran tan verdes sus hojas y tan abundante su fruta,*

que alcanzaba para alimentar todas las aves del cielo, a todos los animales del campo y a toda la gente. Mientras yo seguía acostado, un ángel bajó del cielo y a gritos anunció: "¡Echen abajo ese árbol! Córtenle las ramas, déjenlo sin hojas, arránquenle su fruta. Que se vayan los animales que se cubren con su sombra; que se vayan los pájaros que anidan en sus ramas.

Déjenle solo el tronco, y no le arranquen las raíces. Déjenlo entre la hierba del campo, y que lo riegue el rocío. "Dejen que ese árbol, que es el rey Nabucodonosor, cambie su manera de pensar y se vuelva como los animales. Déjenlo que coma hierba, como los animales, y sujétenlo con cadenas durante siete años. "Los mensajeros de Dios han decidido castigarlo. Así todo el mundo sabrá que sólo el Dios altísimo gobierna a todos los reinos. Hace rey a quien él quiere, y hace jefe de un país a la persona más sencilla". «Éste es el sueño que tuve, y que ningún sabio me pudo explicar. Pero yo sé que tú puedes hacerlo, porque el espíritu del Dios único está en ti". Daniel estaba muy preocupado por las ideas que le venían a la cabeza, así que se quedó callado. Pero el rey lo llamó por su otro nombre y le dijo: —No te preocupes, Beltsasar. Dime lo que significa el sueño. Y Daniel le contestó: — ¡Cómo quisiera yo que el significado del sueño tuviera que ver con los enemigos de Su Majestad! El árbol grande y poderoso que usted vio en su sueño es usted mismo. Su Majestad llegó a ser tan poderoso que su grandeza llegaba hasta el cielo. Y así como el árbol tenía hojas muy verdes, y todos comían de su fruta, así también Su Majestad cubría toda la tierra, y todo el mundo sabía de su poder. «En el sueño usted vio que un ángel bajaba del cielo, y ordenaba que cortaran el árbol. Pero tenían que dejarle el tronco y las raíces, y sujetarlo con cadenas durante siete años. Además, el árbol debía quedarse en el campo, junto con los animales». «Eso quiere decir que el Dios altísimo ha decidido castigar a Su Majestad. Usted ya no vivirá con la gente, sino que vivirá con los animales, y comerá hierba como ellos. Se bañará con el rocío del cielo, y así estará usted durante siete años. Al final de esos siete años, Su Majestad reconocerá que sólo el Dios altísimo gobierna a todos los reinos del mundo, y que sólo él puede hacer rey a quien él quiere». «Al árbol se le dejaron el tronco y las raíces. Eso quiere decir que Su Majestad volverá a reinar, pero sólo cuando haya reconocido el poder del Dios del cielo». «Yo le aconsejo a Su Majestad que deje de hacer lo malo, y que ayude a la gente pobre y necesitada. Tal vez así pueda vivir Su Majestad tranquilo y feliz». Lo que Daniel le dijo al rey Nabucodonosor se hizo realidad. Un año después, el rey andaba paseando por su palacio y dijo: « ¡Qué grande es Babilonia! ¡Yo fui quien la hizo grande y hermosa, para mostrar mi poder a todo el mundo!» Todavía estaba hablando el rey, cuando se oyó una voz del cielo que le dijo: «Rey Nabucodonosor, a partir de este momento dejarás de ser rey.

No vivirás ya entre la gente, sino que vivirás siete años entre los animales. Comerás hierba del campo, como ellos, hasta que reconozcas que el Dios altísimo es el único rey de este mundo. Sólo Dios puede hacer rey a quien él quiere que sea rey». Estas palabras se cumplieron inmediatamente, y el rey dejó de vivir entre la gente. Comía pasto, como los toros, y se bañaba con el rocío del cielo. Sus cabellos parecían plumas de águila, y sus uñas parecían garras de pájaro.

Nabucodonosor sana de su locura

> *«Al cabo de los siete años, yo, Nabucodonosor, dejé de estar loco. Entonces levanté los ojos al cielo y le di gracias al Dios altísimo, que vive para siempre. Lo alabé y le dije: "Tu poder durará para siempre, y tu reino no tendrá fin. Ante ti, nada podemos hacerlos que vivimos en la tierra. Tú haces lo que quieres con los ejércitos del cielo y con los habitantes del mundo. Nadie puede oponerse a ti, ni hacerte ningún reclamo" ». «Tan pronto como dije esto, sané de mi locura y recuperé la grandeza de mi reino. ¡Volví a ser el mismo de antes! Todos mis consejeros y jefes de mi reino vinieron a servirme, y llegué a ser más poderoso que antes. Por eso alabo y adoro al Rey del cielo, pues todo lo que hace está bien hecho. Él es un Dios justo, que humilla a los que son orgullosos. Lo digo yo, el rey Nabucodonosor».*
>
> (Daniel 4, TLA)

Miremos el versículo 36 y léanlo. Uno dirá: "*Este hombre no aprende ni con siete años de animal*". ¿Verdad? Pero no fue así, él sí aprendió. Miren el versículo 37: reconoció que todo lo que tenía venía de Él. ¿Entendieron? No es que Dios dijo que le gustaba tenerlo como un animal. Le devolvió todo y más.

NO IMPORTA CUÁNTO TENGAS, SI ES QUE NUNCA OLVIDAS DE DÓNDE VIENE.

Lo que Dios quería era tratar seriamente con su orgullo. La enseñanza es esta: No importa cuánto tengas, si es que nunca olvidas de dónde viene. TODO VIENE DE DIOS.

Cuida que tu vida no se enorgullezca por las bendiciones que Dios te da por pura misericordia.

HAGAMOS TODO HUMILDEMENTE

Dios nos llama a que hagamos todo con humildad y mirando a los demás como mayores a nosotros mismos.

> *"Nada hagáis por contienda o por vanagloria; antes bien con humildad, estimando cada uno a los demás como superiores a él mismo".* (Filipenses 2:3)

¿Lo leyeron bien?: *"Antes bien con humildad, estimando a los demás como superiores".* ¡Clarísimo!

La Biblia dice que Dios da gracia al humilde: *"Pero él da mayor gracia. Por esto dice: Dios resiste a los soberbios, y da gracia a los humildes"* (Santiago 4:6).

Necesitamos de Su gracia todos los días. Es solamente Su gracia, favor y misericordia lo que nos sostiene, sostiene nuestra familia y hogar, nos da salud y fuerzas, nos provee de todas las cosas, nos guarda del mal, nos da esperanza en la aflicción, nos consuela y confronta a la vez, y todas las demás cosas que hay y te puedes imaginar. Sobre todas las cosas, es Su gracia la que nos salva y da la vida eterna.

Y para ir terminando, si tanto te quieres gloriar en algo, aquí el apóstol Pablo nos da una idea de en qué hacerlo:

> *"Mas el que se gloría, gloríese en el Señor; porque no es aprobado el que se alaba (elogie) a sí mismo, sino aquel a quien Dios alaba (elogia)."* (2 Corintios 10:17-18)

Gloríate en Dios y en el sacrificio de Cristo en la cruz, y Él se encargará del resto en tu vida. Pídele a Dios perdón por la soberbia y el orgullo. Que nos dé humildad para agradarle, y también para vencer las batallas de la vida.

NOCAUT AL ORGULLO

Contra el orgullo no existe golpe más fuerte y contundente para usar que la misma humildad. La ventaja de la humildad es que si te niegas a usarla contra este rival, Dios mismo se encargará y te obligará a que la uses. La vida da vueltas, como se dice popularmente, y presentará situaciones que, si por las buenas no decides ser humilde, te obligará a que lo seas. Sé humilde siempre.

LA FE VS. LA DUDA

"Pero pida con fe, no dudando nada; porque el que duda es semejante a la onda del mar, que es arrastrada por el viento y echada de una parte a otra".
Santiago 1:6

"A los tímidos y a los indecisos todo les resulta imposible, porque así se lo parece."

Walter Scott. 1771 – 1832
Escritor, poeta y editor escocés

La duda es uno de los rivales más grandes a los cuales nos podemos enfrentar. En la duda no hay nada bueno. Es algo que nos retrasa o nos hace perder oportunidades. Debemos ser personas decididas y con fe. En la duda hay indecisión. En la indecisión no hay nada. También, irónicamente, la indecisión es una decisión. ¿Cómo? Sencillo, decido no hacer nada.

Yo, por ejemplo, decido mirar todo con fe. No soy tonto. La fe es lo que me conviene, me da vida y me anima a continuar. No lo niego, a veces cuesta, porque no es fácil tener fe en un mundo así tan difícil; pero, categóricamente, es lo que nos conviene.

La Palabra de Dios dice que por nuestra fe viviremos, y yo quiero vivir. En la Biblia, en el libro de 2 Corintios 5:7, dice:*"porque por fe andamos, no por vista"*. Pero otras traducciones dicen: *"Vivimos por fe, no por vista* (NVI)". Y esto se refiere a cómo vivimos nuestra vida diaria.

¿Cómo vives tu vida diaria? ¿Qué se ve más en tu vida: la fe o la duda? ¿Qué prevalece sobre la otra? Debemos cuestionarnos esto y analizar cómo cambiar esa manera de pensar y de ver. Pero me dirás, seguramente, esto: *"No sabes por lo que estoy pasando"*. Y en realidad no lo sé, pero lo que sí sé es que otros también lo pasaron y salieron adelante, a pesar de que las dudas los quisieron invadir y conquistar. En un momento, tomaron la decisión de que su fe prevaleciera.

Está el ejemplo del apóstol Pablo. Fue un hombre que vivió muchas pruebas de fe. Pablo tuvo que aguantar problemas terribles, pero no se desanimó y siempre estaba de buen ánimo: *"Por tanto, no desmayamos; antes aunque este nuestro hombre exterior se va desgastando, el interior no obstante se renueva de día en día"* (2 Corintios 4:16). Esto era así porque sabía que esa situación no era lo que Dios quería para él al final. Ahora vivía por la fe, pero un día viviría por la vista y *"estaría en casa con el Señor"*: iba a llegar a ver y a vivir con Jesús. Todos los momentos duros que podamos vivir aquí en la tierra, en este tiempo finito, son solo eso: momentos. No será para siempre. La eternidad nos espera alguna vez, y todo estará mejor.

El problema está cuando tomamos decisiones malas en momentos de duda, y eso hace que ese momento se prolongue. Debemos tomar decisiones de fe y avanzar.

UNA VECINA INDESEABLE

El famoso evangelista Billy Sunday dijo una vez: *"El temor y la duda golpearon mi puerta. La fe respondió… y nadie replicó"*.

La duda no vive lejos de nuestra mente, es más, es nuestra vecina. Todos los días golpeará nuestras puertas, sin ser invitada, para querer entrar. No viene de visita, no le creas, quiere quedarse a vivir en nuestras mentes y corazón permanentemente.

Solo para aclarar, hago un paréntesis: aquí no hablo de la duda que nos invita a investigar, cuestionar y curiosear. Esa "duda" es hasta buena.

En este capítulo me quiero referir a la duda que nos quita el valor, la audacia y no nos ayuda a avanzar; es más, nos quiere detener, inmovilizar. Hablo de la duda que nos quiere meter miedo en el corazón y no nos ayuda a decidir valientemente. Esa duda no es buena. Cuidado.

LA DUDA ESTÁ ALOJADA EN EL BARRIO, VIVE EN MEDIO DE LA FE Y LA INCREDULIDAD.

A mi parecer, la duda no es lo mismo que la incredulidad. La duda es estar en medio de la calle caminando. ¿Cuál es la diferencia? Duda es: "quizá sí, quizá no", y al final no decides nada. Te mantiene en el medio, en la mediocridad. La incredulidad es no creer, y punto. Tomaste una decisión: no creo. Esa es la incredulidad.

La duda está alojada en el barrio, vive en medio de la fe y la incredulidad. Pero es más que amiga de la incredulidad, digamos que aliada. Así que querrá llevarte a vivir con ellas: con la duda y la incredulidad. Te querrá alejar de la fe.

Nadie recordará los nombres de las personas que nunca lograron algo por culpa de la duda y el temor. Aquellas cosas que vale la pena vivir y alcanzar, tienen sus riesgos y grados de dificultad. Son cosas que necesitan personas decididas y llenas de fe.

Los únicos que no se equivocan son los que no hacen nada. Vivir la vida es solo para valientes y decididos. Categóricamente.

LOS ÚNICOS QUE NO SE EQUIVOCAN SON LOS QUE NO HACEN NADA.

UNA HISTORIA DE FE

La Biblia nos muestra dónde poner nuestra confianza ante las circunstancias duras, difíciles e inciertas que nos quieren llenar de dudas y temor. El salmista lo dice varias veces, por ejemplo, en Salmos 56:4, donde expresa: "*...En Dios he confiado; no temeré;*

¿Qué puede hacerme el hombre?", y en Salmos 27:1 dice: "*...Jehová es la fortaleza de mi vida; ¿de quién he de atemorizarme?*".

El rey David siempre sabía muy bien dónde estaba y con quién estaba. Dios mismo estaba de su lado y él sabía que todo saldría bien.

Hay un viejo refrán que dice: "Dale de comer a tu fe, y verás cómo se mueren de hambre tus dudas". Alimenta tu fe con la Palabra de Dios, sabiendo que Él nunca te desamparó antes. Solo tú sabes de cuántas Dios te quitó y salvó. Pregunto, ¿no lo volvería a hacer?

El famoso escritor John L. Mason, autor de afamados libros como: *Un enemigo llamado promedio* y *Suéltese de lo que le detiene*, entre otros, nos anima a no dudar ni temer, con esta frase: "*No tema del mañana. Dios ya está ahí. Nunca tema confiarle un futuro incierto a un Dios conocido*".

UNA FE ENFOCADA EN LA VERDAD

La fe verdadera no está enfocada ni en el hombre ni en las circunstancias. Siempre lo digo. La fe verdadera, la fe que vence a la duda y al temor, la fe que nos anima y alienta es la fe que tenemos en Dios.

LA FE VERDADERA, LA FE QUE VENCE A LA DUDA Y AL TEMOR, LA FE QUE NOS ANIMA Y ALIENTA ES LA FE QUE TENEMOS EN DIOS.

El famoso y reconocido pastor británico Charles Spurgeon (1834–1892), más conocido como "el príncipe de los predicadores", dijo: "Mi fe no descansa en lo que soy, o en lo que debo ser, sentir o saber, sino en lo que Cristo es, en lo que Él ha hecho y en lo que ahora hace por mí".

Jesucristo nos anima a no dudar ni temer. Muchos son los versículos donde encontramos cómo Jesús nos alienta a creer. Él sabía que nuestro problema diario para hacer o no algo, sería contra la duda, el temor y la indecisión que esto provoca. La Biblia nos proporciona palabras de Él que nos servirán de promesa que animen a no dudar ni temer. Son palabras de esperanza y bendición:

> *"Entonces Jesús se acercó y los tocó, y dijo: Levantaos, y no temáis."* (Mateo 17:7)

> *"Y sucedió que le trajeron un paralítico, tendido sobre una cama; y al ver Jesús la fe de ellos, dijo al paralítico: Ten ánimo, hijo; tus pecados te son perdonados."* (Mateo 9:2)

> *"Por eso les digo que no se preocupen por la vida diaria, si tendrán suficiente alimento y bebida, o suficiente ropa para vestirse."* (Mateo 6:25, NTV)

> *"No temáis, manada pequeña, porque a vuestro Padre le ha placido daros el reino."* (Lucas 12:32)

> *"¿Por qué están asustados? –les preguntó–. ¿Por qué tienen el corazón lleno de dudas?"* (Lucas 24:38, NTV)

> *"La paz os dejo, mi paz os doy; yo no os la doy como el mundo la da. No se turbe vuestro corazón, ni tenga miedo."* (Juan 14:27)

Y uno de mis versículos favoritos, además de ser un arma poderosa que siempre uso ante situaciones de duda o incredulidad, es la que está en Marcos 9:23:

> *"Si puedes creer, al que cree todo le es posible."*

UN ESPÍRITU DIFERENTE

El apóstol Pablo le escribió una carta al que iba a ser su sucesor, el joven Timoteo. Seguramente Pablo sabía que Timoteo estaba pasando momentos difíciles, atacado por la duda y el temor. Y en esta carta (2 Timoteo) le escribe una frase que animaría y levantaría a cualquiera. Le estaba afirmando algo en su espíritu y en su identidad de creyente.

> *"Porque no nos ha dado Dios espíritu de cobardía, sino de poder, de amor y de dominio propio".* (2 Timoteo 1:7)

Dios, sin lugar a dudas, confirmado por Su apóstol Pablo, no nos dio un espíritu de cobardes ni de dudas. Él nos dio a su Santo Espíritu para guiarnos, consolarnos y fortalecernos en el camino, para darnos la fe y la seguridad que necesitamos para avanzar.

Jesús dijo: *"Pero cuando venga el Consolador, a quien yo os enviaré del Padre, el Espíritu de verdad, el cual procede del Padre, él dará testimonio acerca de mí"* (Juan 15:26).

Cuando dudamos, debemos pedir a Dios que nos dé su Santo Espíritu para que nos llene de fe y valor. Y eso tendría que ser a diario, ya que a diario seremos atacados para renunciar, dudar y abandonar la lucha.

PEDIR CREYENDO; CONOCE SU CORAZÓN

Me pregunto cuántas veces Dios nos ha dicho: "*¿Qué quieres que haga por ti?*" y, con dudas disfrazadas de falsa humildad, hemos tartamudeado y hemos dicho: "*Lo que tú quieras hacer, Señor, está bien*".

Déjame decirte algo: ¡Pues claro que lo que Él quiera hacer está bien! ¡ÉL ES DIOS! Además, esa no fue la pregunta de Dios.

Él nos pregunta qué queremos porque la oración es un arma para el verdadero creyente. Por lo tanto, si somos verdaderos creyentes, tenemos que conocer verdaderamente a Dios, y así únicamente sabremos cuál es su perfecta voluntad y lo pediremos.

LA ORACIÓN ES UN ARMA PARA EL VERDADERO CREYENTE.

El salmista David nos dice que hemos de deleitarnos en el Señor y Él nos dará los deseos de nuestro corazón: "*Deléitate asimismo en Jehová, y él te concederá las peticiones de tu corazón*" (Salmos 37:4).

Esto significa que debemos conocer nuestros corazones, tenemos que conocer nuestros deseos, y debemos hacer conocer a Dios esos deseos con fe, para que luego sean formados y corregidos por Él, por nuestro amor y adoración a Dios.

Nuestras oraciones, por más lindas y humildes que parezcan, si no están calibradas a la voluntad de Dios y hechas con fe, y sin dudar, no serán escuchadas, y menos respondidas. Sencillo. Son estériles, no producen nada.

TENEMOS QUE QUERER LO QUE DIOS QUIERE, PARA RECIBIR LO QUE ÉL QUIERE DARNOS.

Estoy seguro de que muchos de nosotros vamos por la vida ciegos y llenos de dudas, enfrentando nuestra realidad y futuro, y aun así no pedimos a Dios vista para ver las cosas con fe y esperanza.

Por supuesto que hay momentos en la vida donde Dios, no porque se lo pidamos, nos dará aquello que pedimos, pero eso ya es Su asunto. Nosotros siempre debemos pedir con fe y con la certeza de que Dios siempre quiere lo mejor para nosotros.

Dios no mira como nosotros miramos. Por ejemplo, cuando Jesús multiplicó los cinco panes y dos peces, todos miraron solo eso: cinco panes y dos peces. Lógico, dirás. Pero tu "lógica" no es la de Dios.

Jesús, sin embargo, vio con fe, vio miles de personas satisfechas, sin hambre y, además, doce canastos llenos de comida de sobra.

Medita en esto: si Jesús hubiera querido, hubiera hecho exacta la multiplicación de los panes y de los peces, de modo que no sobrara. Sin embargo, hizo demás, hasta que sobró y abundó.

Dios puso más que suficiente. Ya el rey David dijo en Salmos 23:5: *"Aderezas mesa delante de mí en presencia de mis angustiadores; unges mi cabeza con aceite; mi copa está rebosando"*. Lean bien: *"Mi copa está rebosando"*.

Piensa en esto y créelo: Dios no solo quiere que manejes tus adicciones, Dios quiere que seas libre de ellas totalmente. Dios no quiere solo que tu marido te trate mejor, Dios quiere que él sea un hombre totalmente nuevo. Dios no quiere solo que tu familia viva bajo el mismo techo. Dios quiere que tengan un hogar y sean de ejemplo a otros. Dios no solo quiere ayudarte a atravesar el desierto, Dios quiere que llegues a la tierra prometida, a esa que Él dijo. Dios no solo quiere que pagues raspando tus cuentas cada mes, Dios quiere que salgas adelante dignamente y seas bendecido para bendecir a otros.

Debemos conocer el corazón de Dios y, entonces, pediremos con fe, sin dudar y, sobre todo, de acuerdo con su perfecta y buena voluntad.

¿Qué pasa entonces? Creo que lo que pasa es que muchos de nosotros pedimos muy poco de Dios porque pensamos muy poco de Él y lo hacemos dudando. O también, quizá, no lo conocemos lo suficiente. Creemos en Él, pero no le creemos a Él.

PEDIMOS MUY POCO DE DIOS PORQUE PENSAMOS MUY POCO DE ÉL Y LO HACEMOS DUDANDO.

Tenemos dudas de hacer grandes oraciones porque "*¿qué tal si Dios no interviene?*". Eso podría hacer tambalear nuestra fe. Eso pensamos inconscientemente o conscientemente. Es como que queremos protegernos de la decepción, si es que no ocurre lo que pedimos, o "proteger" a Dios, como si fuera que Él lo necesita.

Irónicamente, le pedimos muchas veces lo que nosotros mismos podríamos hacer, para así no ponerlo a Él en una posición "difícil", "complicada", "incómoda".

Déjame decirte que eso es dudar y es orgullo. Puedo asegurarte que Dios no necesita nuestra protección. Él no necesita nuestras "pequeñas oraciones" llenas de dudas para proteger Su gran nombre y soberanía.

¿Crees que a Dios le asusta lo que pides o que le asustará lo que le puedas llegar a pedir? No, ¿verdad?

Si decidimos vivir una vida pequeña, irrelevante y llena de dudas, no hacemos espacio suficiente para un Dios grande como al que decimos creer y servir.

Dios tomó hombres y mujeres que se sentían demasiado pequeños para una vida grande, y los desafió a soñar en grande y a vivir en grande. ¡A CREER!

Cuando acudas a Dios, ve en grande, sueña en grande, cree en grande, ora en grande, vive en grande para Su gloria y honra.

Nunca asustarás a Dios. Nunca pedirás algo tan grande que sea más grande que Él. No tengas miedo si pides con fe y según Su voluntad.

PARA VER SU GLORIA

> *"Jesús le dijo: ¿No te he dicho que si crees, verás la gloria de Dios?"* (Juan 11:40)

¿Quién quiere ver la gloria de Dios en su vida? Pues bien: ¡CREE! No les dijo que si "dudas" mucho o con todo lo que "dudas" verás la gloria de Dios. ¿O estoy equivocado? ¡CREE! Dudamos mucho, y eso hace que nuestra fe muchas veces muera.

Miren lo que dice después Jesús y cómo ora:

> *Entonces quitaron la piedra de donde había sido puesto el muerto. Y Jesús, alzando los ojos a lo alto, dijo: Padre, gracias te doy por haberme oído. Yo sabía que siempre me oyes; pero lo dije por causa de la multitud que está alrededor, para que CREAN que tú me has enviado.*
>
> (Juan 11:41-42)

¿Leyeron bien? ¡PARA QUE CREAN!

Sabían que era Jesús, sabían que estaba ahí, por eso había muchas personas, pero Jesús sabía que, a pesar de su curiosidad, NO TENÍAN FE.

Una vez le pregunté a un muchacho que me dijo que oraría en el velatorio de un pariente para que este resucitara, si en serio creía eso. Él me respondió que sí, y después le dije: "¿Qué pasaría si tu pariente empieza a mover sus manos y a abrir sus ojos?". Y él me respondió: "¡Me asustaría demasiado. Me espantaría!"

Les pregunto ahora: ¿No era que este muchacho creía? No tendría por qué asustarse, si es que lo creía posible. Puede sorprenderse, pero no asustarse, creo yo.

Pero volviendo de nuevo a la historia de Lázaro y Jesús, miren: ¡estas personas presentes estaban empezando a creer de nuevo!

Ahora, con la fe las cosas pueden cambiar y puede haber muertos que resucitan. Justamente fue ahí que resucitó Lázaro.

Vayamos ahora a Marcos 6 y veamos esta historia donde el protagonista también es Jesús.

JESÚS EN NAZARET

> *Salió Jesús de allí y vino a su tierra, y le seguían sus discípulos. Y llegado el día de reposo, comenzó a enseñar en la sinagoga; y muchos, oyéndole, se admiraban, y decían: ¿De dónde tiene éste estas cosas? ¿Y qué sabiduría es esta que le es dada, y estos milagros que por sus manos son hechos? ¿No es éste el carpintero, hijo de María, hermano de Jacobo, de José, de Judas y de Simón? ¿No están también aquí con nosotros sus hermanas? Y se escandalizaban de él. Mas Jesús les decía: No hay profeta sin honra sino en su propia tierra, y entre sus parientes, y en su casa. Y no pudo hacer allí ningún milagro, salvo que sanó a unos pocos enfermos, poniendo sobre ellos las manos. Y estaba asombrado de la incredulidad de ellos. Y recorría las aldeas de alrededor, enseñando".* (Marcos 6:1-6)

La incredulidad desagrada a Dios y en un lugar que no agrada a Dios no puede estar Él, ni va a querer hacer nada. Solo viendo a Jesucristo con fe y como Dios, podemos esperar milagros de Él.

Una recomendación: cuida con quiénes te relacionas, porque la falta de fe se pega, se contagia. Aléjate de las personas negativas, de los fariseos y escribas modernos. Busca personas de fe que te contagien de ella y que te ayuden a vencer tus dudas.

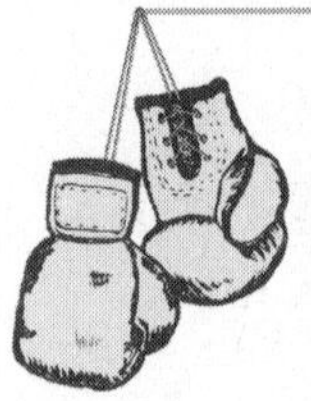

BUSCA PERSONAS DE FE QUE TE CONTAGIEN DE ELLA Y QUE TE AYUDEN A VENCER TUS DUDAS.

TRAIGAMOS LOS PROBLEMAS Y NUESTRAS DUDAS A LOS PIES DEL MAESTRO

> *Y se lo trajeron; y cuando el espíritu vio a Jesús, sacudió con violencia al muchacho, quien cayendo en tierra se revolcaba, echando espumarajos. Jesús preguntó al padre: ¿Cuánto tiempo hace que le sucede esto? Y él dijo: Desde niño. Y muchas veces le echa en el fuego y en el agua, para matarle; pero si puedes hacer algo, ten misericordia de nosotros, y ayúdanos".* (Marcos 9:20-22)

Cuando trajeron a este muchacho a aquel que no juzgaba, amaba y tenía fe, este les escuchó y ayudó. Pidieron auxilio y Dios les escuchó, se interiorizó en el problema e hizo un milagro.

Me parece curioso cómo no fue a parar la discusión entre sus discípulos y los escribas. Directamente, fue y ayudó al necesitado.

No tenía tiempo que perder, había mucho que hacer y poco tiempo para hacerlo. Pero antes tenía que activar nuevamente algo que, lastimosamente, la religión mató en quienes estaban ahí reunidos.

ACTIVAR LA FE

Antes del milagro Jesús tenía que arreglar algo que, lamentablemente, sus discípulos y los escribas lograron en el padre de familia y en la multitud presente.

Jesús debía hacer lo mismo que hizo con Marta y los presentes frente a la tumba de Lázaro. Jesús debía activar nuevamente la fe de todos.

> *Jesús le dijo: Si puedes creer, al que cree todo le es posible. E inmediatamente el padre del muchacho clamó y dijo: Creo; ayuda mi incredulidad. Y cuando Jesús vio que la multitud se agolpaba, reprendió al espíritu inmundo, diciéndole: Espíritu mudo y sordo, yo te mando, sal de él, y no entres más en él.* (Marcos 9:23-25)

CUANDO HAY FE Y NO DUDA, A DIOS LE AGRADA. CUANDO A DIOS LE AGRADA, LAS COSAS PASAN Y LOS MILAGROS OCURREN.

> *Entonces el espíritu, clamando y sacudiéndole con violencia, salió; y él quedó como muerto, de modo que muchos decían: Está muerto. Pero Jesús, tomándole de la mano, le enderezó; y se levantó.* (Marcos 9:26-27)

¿CÓMO ACTIVAR LA FE NUEVAMENTE?

> *Cuando él entró en casa, sus discípulos le preguntaron aparte: ¿Por qué nosotros no pudimos echarle fuera? les*

> *dijo: Este género con nada puede salir, sino con oración y ayuno.* (Marcos 9:28-29)

Una vez aprendí esto de esta historia, y quisiera compartirlo con ustedes. Fue hace muchos años, y creo que les ayudará.

¿De qué género estaba hablando aquí Jesús? ¿Cuál género no podía salir? ¿Estaría hablando del tipo de demonio que poseía al muchacho? No lo creo. ¿Entonces?

Vayamos a Mateo 17 y veamos cómo nos cuenta con un poco más de detalle esta parte el escritor.

> *Viniendo entonces los discípulos a Jesús, aparte, dijeron: ¿Por qué nosotros no pudimos echarlo fuera? Jesús les dijo: Por vuestra poca fe; porque de cierto os digo, que si tuviereis fe como un grano de mostaza, diréis a este monte: Pásate de aquí allá, y se pasará; y nada os será imposible. Pero este género no sale sino con oración y ayuno.* (Mateo 17:19-21)

Lo que entiendo aquí por "y no sale sino con oración y ayuno", según Jesús, es la POCA FE.

Debemos ayunar y orar para que nuestro Padre amado nos devuelva la fe que nos robó el enemigo a través de la religiosidad, las circunstancias, el exceso o la falta de algo material, a través de la duda.

Debemos pedir perdón por nuestra poca fe. Por meter a Jesús en nuestro estereotipo religioso e incrédulo. Por verlo, queriendo o sin querer, solo como un hombre, como un carpintero, siendo el hijo de Dios, el Dios de milagros. Por dudar.

Vamos a pedirle a Dios más fe. Y que nos la devuelva. Estamos necesitados de fe. Solo así la duda huirá y los milagros pueden ocurrir.

Jesucristo es el autor de la fe. La Palabra de Dios dice que Él es autor y consumador de la fe. Quiero ser radical y clarísimo con esta declaración. ¡Hay una sola fe, y es la fe en Dios! Quiero que redirecciones tu fe en Aquel que nunca falla.

Y recuerda siempre esto: La duda no puede contra la fe verdadera.

NOCAUT A LA DUDA

Alimenta tu fe. Cree en lo que tienes por delante. Pide ayuda a Dios.

Lo único que podemos pedir a Dios en oración sin fe es la fe misma.

Pide a Dios que te dé fe y encara tus dudas con valentía.

LA PAZ VS. LAS PREOCUPACIONES Y LOS PROBLEMAS

"La paz les dejo; mi paz les doy. Yo no se la doy a ustedes como la da el mundo. No se angustien ni se acobarden".
Juan 14:27 (NVI)

"Que la paz que anuncian con sus palabras esté primero en sus corazones".

Francisco de Asís 1182 – 1226
Religioso, fundador de la orden franciscana

EL DOLOR MÁS FUERTE: EL DEL ALMA

Entiendo, no existe nada peor que el dolor y los problemas que estos traen. O mejor, cambiemos el orden. Sería así: no existe nada peor que los problemas y el dolor que estos producen.

Bueno, no importa el orden que pongamos; pero, evidentemente, van de la mano: dolor y problemas, problemas y dolor. Hermanas o hermanos.

El dolor físico es una sensación muy fea. Cuando duele algo en tu cuerpo o cuando estás enferma o enfermo, nada es divertido, no da gusto nada.

Pero cuando los problemas afectan el alma, esta duele mucho y nos roba la paz. Nos quita la sonrisa y la alegría. Podemos estar sanos físicamente o no, pero el alma sin paz no nos deja disfrutar de nada.

Pero también seamos sinceros; somos propensos a cargarnos de problemas que, posiblemente, ni siquiera tendremos. Son problemas que nos roban la paz y nos traen dolor. Compiten con ella y, muchas veces, la vencen.

Dios nos llama a tener paz y que la procuremos. En el libro de Jeremías 29:7 dice: "*Y procurad la paz de la ciudad a la cual os hice transportar, y rogad por ella a Jehová; porque en su paz tendréis vosotros paz.*"

No podemos buscar la paz para nuestra ciudad, si no tenemos primero paz nosotros en nuestros hogares; y no podemos procurar la paz en nuestros hogares, si no la tenemos primero en nosotros mismos.

Estamos sin paz, llenos de ansiedades y preocupaciones. La angustia no nos permite respirar. Entramos en un estrés que nos destruye, nos carcome y nos aísla.

Todos los días los seres humanos nos encontramos con problemas y cuestiones que nos preocupan.

Muchas veces son nimiedades, pero otras son cuestiones realmente delicadas. Jesús lo sabía. Sabía que el ser humano es una raza propensa a preocuparse demás, y que su paz interior siempre está, aparentemente, en juego.

Porque nos ama y se ocupa de nosotros, nos dejó indicaciones claras en cuanto al tema. Ellas están en el libro de Mateo:

LAS PREOCUPACIONES

> *No vivan pensando en qué van a comer, qué van a beber o qué ropa se van a poner. La vida no consiste solamente en comer, ni Dios creó el cuerpo sólo para que lo vistan. Miren los pajaritos que vuelan por el aire. Ellos no siembran ni cosechan, ni guardan semillas en graneros. Sin embargo, Dios, el Padre que está en el cielo, les da todo lo que necesitan. ¡Y ustedes son más importantes que ellos! ¿Creen ustedes que por preocuparse vivirán un día más? Aprendan de las flores que están en el campo. Ellas no trabajan para hacerse sus vestidos. Sin embargo, les aseguro que ni el rey Salomón se vistió tan bien como ellas, aunque tuvo muchas riquezas. Si Dios hace tan hermosas a las flores, que viven tan poco tiempo, ¿acaso no hará más por ustedes? ¡Veo que todavía no han aprendido a confiar en Dios! Ya no se preocupen por lo que van a comer, o lo que van a beber, o por la ropa que se van a poner. Sólo los que no conocen a Dios se preocupan por eso. Ustedes tienen como padre a Dios que está en el cielo, y él sabe lo que ustedes necesitan. Lo más importante es que reconozcan a Dios como único rey, y que hagan lo que él les pide. Dios les dará a su tiempo todo lo que necesiten. Así que no se preocupen por lo que pasará mañana. Ya tendrán tiempo para eso. Recuerden*

que ya tenemos bastante con los problemas de cada día.
(Mateo 6:25-34 TLA)

¡Qué hermoso y esperanzador este gran sermón de Jesús! Debemos confiar en Dios. Estamos acostumbrados a preocuparnos. Pareciera que queremos las preocupaciones. Si no tenemos preocupaciones, es como que no vivimos. Increíble, ¿no? Muchos dirán: "*No es mi caso. Yo no quiero preocupaciones ni problemas*", y te creo; sin embargo, estamos constantemente buscándolas, consciente o inconscientemente. ¿No? Es para analizarlo.

¿CÓMO ENCONTRAR LA PAZ EN SITUACIONES APARENTEMENTE SIN CONTROL?

Me dirán: "todo muy lindo sobre no preocuparse, pero, ¿si los recursos que tengo no alcanzan para pagar mis cuentas? ¿Si el médico me dice que ya no hay nada que hacer humanamente hablando? ¿Si ya hace mucho tiempo no sé nada de la persona amada que se fue? ¡Yo no me preocupo por cualquier cosa! Lo mío es bien serio y delicado. No tengo el control de lo que me aflige y me roba la paz".

Situaciones donde no tenemos el control. Situaciones que no nos dejan avanzar. La ansiedad, los problemas y las preocupaciones distorsionan la verdad frecuentemente.

Cuando vemos las situaciones a través de los lentes de la preocupación y del dolor, categóricamente, lo veremos todo negro.

En vez de lentes con aumento, que ya es mucho, nos ponemos lupas para ver los problemas. Agrandamos y magnificamos los problemas y minimizamos o "achicamos" a Dios y su poder, si se puede decir de alguna manera.

Estallamos bajo la presión de los problemas y preocupaciones. La cantidad de enfermedades y problemas físicos que causa la ansiedad es impresionante. Como si fuera poco ya lo que pasamos, tendríamos que agregarle los problemas que nuestra ansiedad les vaya sumando.

Dios nos invita a ir a Él a todos los que estamos cansados, con problemas y dolor. Con poca o nula paz.

El salmista lo entendió perfectamente. Atiendan este salmo muy conocido que fue, es y será de bendición para millones de personas en el tiempo.

SALMO 23

> *Jehová es mi pastor; nada me faltará. En lugares de delicados pastos me hará descansar; junto a aguas de reposo me pastoreará. Confortará mi alma; me guiará por sendas de justicia por amor de su nombre. Aunque ande en valle de sombra de muerte, no temeré mal alguno, porque tú estarás conmigo; tu vara y tu cayado me infundirán aliento. Aderezas mesa delante de mí en presencia de mis angustiadores; unges mi cabeza con aceite; mi copa está rebosando. Ciertamente, el bien y la misericordia me seguirán todos los días de mi vida, y en la casa de Jehová moraré por largos días.*

VIAJA LIVIANO

Dios desea usarnos con poder. Pero, ¿cómo puede usarnos si estamos cargados, ansiosos y dolidos? Llevamos nuestras mochilas pesadas, que ya tienen muchas cosas, y además llevamos muchas otras que ni siquiera nos corresponde cargar. Piensa.

No está mal hacerlo, y ayudar al prójimo. Lo malo es que lo hacemos llenos de ansiedad y carga. Lo hacemos cuando nosotros mismos ya no podemos con nuestros asuntos.

¿Cómo puedes motivar y alentar a las personas si vives preocupado y desanimado por tus situaciones?

En esta vida debemos viajar livianos. Aclaro, no de manera irresponsable, pero sí livianos. Me entiendes.

Es como las famosas recomendaciones que dio un experto mochilero senderista, basadas, lógicamente, en la vasta experiencia que adquirió en el transcurso de los años.

Él decía que si estás planeando un viaje de mochilero, hay tres cosas básicas que debes tener en cuenta antes de hacerlo:

Primero: Pon sobre una mesa todas las cosas que planees llevar y crees que vas a necesitar para el viaje.

Segundo: Elimina la mitad de las cosas que estás seguro que deberías llevar y están sobre la mesa.

Tercero: Elimina la mitad de la mitad de las cosas que estabas seguro que tenías que llevar y están sobre la mesa.

Bueno, eso es lo que vas a llevar en la mochila en tu viaje.

La vida es así, y ya Jesús nos advirtió que tenemos que viajar liviano, porque la misma vida, las circunstancias y otras cosas irán cargando nuestra mochila.

Ahí, cuando sintamos pesada la carga, debemos vaciar la misma sobre la mesa de Dios y, con Él, empezar a seleccionar las cosas que continuarán con nosotros por los caminos de la vida y las que tendremos que dejar atrás.

Cuando estaba en la escuela estudiando, había un dicho que recordaban que había pronunciado el sacerdote fundador internacional de la orden religiosa a la que pertenecía mi institución educativa (salesianos), el italiano Giovanni Melchiorre Bosco, más conocido como Don Bosco (1815-1888): "Quien tiene paz en su conciencia, lo tiene todo". Así de sencillo y así de cierto.

¿DÓNDE HALLAR UNA PAZ GENUINA?

Una paz genuina proviene de Dios, no hay duda en ello. Lo creas o no, es así. No es una paz efímera, como la que se obtiene en el mundo. Ni es una paz gracias –o no– a las circunstancias, sino que es una paz A PESAR de ellas. Es una paz interior única.

La Biblia nos asegura que sí podemos tener esa paz interior, a pesar de las circunstancias. La carta que escribió el apóstol Pablo, en Filipenses 4:6-9, dice:

> *Por nada estéis afanosos, sino sean conocidas vuestras peticiones delante de Dios en toda oración y ruego, con acción de gracias. Y la paz de Dios, que sobrepasa todo entendimiento, guardará vuestros corazones y vuestros pensamientos en Cristo Jesús.*

EN ESTO PENSAD

> *Por lo demás, hermanos, todo lo que es verdadero, todo lo honesto, todo lo justo, todo lo puro, todo lo amable, todo lo que es de buen nombre; si hay virtud alguna, si algo digno de alabanza, en esto pensad. Lo que aprendisteis y recibisteis y oísteis y visteis en mí, esto haced; y el Dios de paz estará con vosotros.*

El versículo 7 dice: "*Y la paz de Dios, que sobrepasa todo entendimiento, guardará vuestros corazones y vuestros pensamientos en Cristo Jesús*". Esta paz es la que proviene de Dios. Nadie la puede alcanzar por sí mismo; es Él mismo quien la da, y pagó por ella. Además, es muy poderosa, ya que "supera a todo entendimiento", dice.

En pocas palabras, se impone sobre nuestros mayores temores, problemas e inquietudes, que, muchas veces –como ya vimos– se deben a una visión limitada o errónea de las cosas. Aun cuando no vemos la salida a nuestros problemas, la paz de Dios puede otorgarnos tranquilidad.

Por supuesto, el único que puede darnos una paz como esta es Dios, ya que para Él no hay nada imposible, como dice Lucas 1:37: "*porque nada hay imposible para Dios*". Y luego lo reconfirma en Marcos 10:27, que dice: "*Entonces Jesús, mirándolos, dijo: Para los hombres es imposible, mas para Dios, no; porque todas las cosas son posibles para Dios*".

La confianza que tenemos en Dios nos ayudará en nuestras más profundas preocupaciones. Usemos esto como ejemplo: si cualquiera de mis hijos se perdiera en el mall o en el parque, ellos saben y están confiados de que, tanto su mamá como yo, los vamos a buscar y no nos iremos hasta encontrarlos. Ellos lo saben porque nosotros los enseñamos así, y ellos nos conocen bien. Saben que cuando los encontremos, los tomaremos en nuestros brazos y todo volverá a estar bien. De la misma manera, alguien que es hijo de Dios, escucha sus enseñanzas, lo conoce y confía en Él. No deberíamos desesperarnos, porque sabemos que Él siempre nos protegerá y cuidará. Muchos cristianos han visto que la paz de Dios los ha ayudado, aun en las situaciones más difíciles.

ÉL NOS GUARDA EL CORAZÓN Y LA MENTE

Vayamos de vuelta al libro de Filipenses, capítulo 4 y versículo 7. Dice claramente, y como un bálsamo, que la paz de Dios guardará nuestro corazón y nuestra mente. La paz de Dios actúa como un guardián: nos protege, entre otras cosas, contra las preocupaciones innecesarias provocadas, muchas veces, por la búsqueda incesante de cosas triviales y materiales.

La carta de Pablo a los Filipenses, en el capítulo 4:7, concluye diciendo que la paz de Dios nos protegerá "mediante Cristo Jesús". Ahora bien, ¿qué relación hay entre Cristo y la paz de Dios? Jesús desempeña un papel fundamental en el cumplimiento de los propósitos de Dios. Él dio su vida para liberarnos del pecado y la muerte. En Juan 3:16, el corazón de la Biblia, dice: *"Porque de tal manera amó Dios al mundo, que ha dado a su Hijo unigénito, para que todo aquel que en él cree, no se pierda, mas tenga vida eterna"*. Al comprender esto, nuestra mente y nuestro corazón tienen que llenarse de paz. ¿Por qué o cómo? Al sentirnos más tranquilos sabiendo que, gracias al sacrificio de Jesús, Dios perdonará nuestros pecados si estamos sinceramente arrepentidos.

Nada de esto impide que hoy tengamos problemas, pero, sin duda alguna, nos consuela saber que lo mejor está por venir, porque tenemos, servimos y confiamos en un gran Dios.

¿CÓMO CONSEGUIR ESA PAZ?

En el libro de Filipenses también se nos da la fórmula de cómo obtener esta paz: *"Regocijaos en el Señor siempre. Otra vez digo: ¡Regocijaos! Vuestra gentileza sea conocida de todos los hombres. El Señor está cerca.. Por nada estéis afanosos, sino sean conocidas vuestras peticiones delante de Dios en toda oración y ruego, con acción de gracias*" (Filipenses 4:4-6). Pablo escribió estas palabras mientras estaba injustamente encarcelado en Roma, o sea, no la estaba pasando nada bien. Pero, en lugar de lamentarse por su situación, él animó a sus hermanos cristianos a "regocijarse en el Señor", como de seguro él también estaba haciendo a pesar de sus circunstancias humanas.

De esta manera, testificó que su felicidad no dependía de las circunstancias, sino de su relación con Dios.

También debemos entender que no somos perfectos y que es imposible ser los mejores en todo. Podemos cometer errores, y no por eso nuestra paz tiene que estar en juego.

El versículo cinco concluye diciendo: "El Señor está cerca". Tal vez parezca que dicha declaración está fuera de contexto, pero no es así. Por un lado, nos da la seguridad de que está muy cerca el día en que Jesucristo vuelva; es nuestra fe como cristianos. Y por otro lado nos alienta al darnos la seguridad de que, aun hoy, Él está cerca de todos los que lo buscan. En Hechos 17:27 dice: "*Para que busquen a Dios, si en alguna manera, palpando, puedan hallarle, aunque ciertamente no está* lejos de cada uno de nosotros". Además, tal como recomienda el versículo seis, no nos inquietaremos demasiado, ni por los problemas que tenemos hoy, ni por el mañana.

Al leer la carta a los Filipenses, nos damos cuenta de que la paz de Dios es el resultado directo de una vida de oración. Algunos piensan que la oración es, simplemente, una forma de meditar o reflexionar que les da tranquilidad. Sin embargo, en realidad, es el medio que tenemos para comunicarnos con Dios y tener comunión con Él. Es una relación tan real y cercana como la que tiene un niño con su padre, a quien le cuenta sus luchas y victorias, sus problemas y alegrías. ¡Qué paz debe darnos el saber que *"en todo podemos dar a conocer nuestras peticiones a Dios"*!

También nos anima a enfocarnos en pensamientos positivos. Pero hay algo más: tenemos que poner en práctica los consejos que da la Biblia. De este modo disfrutaremos de la tranquilidad de tener una buena conciencia, pues, como dice el conocido refrán: "la mejor almohada es la conciencia sana".

Para ir terminando, todos podemos sentir esa paz interior, pues Dios se la da a quienes lo buscan y siguen sus mandamientos. Pero no podemos seguir al que no conocemos; y eso, conocerlo, solo se consigue examinando su Palabra, la Biblia. Si así lo hacemos, "el Dios de la paz estará con nosotros".

NOCAUT A LAS PREOCUPACIONES

La preocupación es un rival inevitable. Periódicamente nos desafiará a pelear para vencer y conquistar nuestros corazones y mentes. Te recomiendo que hagas lo que dice la Biblia y nos aconseja nuestro Dios en Filipenses 4:8: *"Por lo demás, hermanos, todo lo que es verdadero, todo lo honesto, todo lo justo, todo lo puro, todo lo amable, todo lo que es de buen nombre; si hay virtud alguna, si algo digno de alabanza, en esto pensad".*

CONCLUSIÓN

Leí una historia tremenda, y quiero contársela a ustedes. Arthur Ashe (1943-1993) fue un legendario jugador estadounidense de tenis, ganador de tres títulos de Grand Slam y único jugador afroamericano en haber ganado los campeonatos de Wimbledon, el Abierto de Estados Unidos y el Abierto de Australia en *singles*. Ashe se contagió de SIDA por medio de sangre infectada administrada durante una cirugía del corazón en 1983, y en ese tiempo recibió cartas de sus fans, uno de los cuales preguntó:

"¿Por qué Dios tuvo que elegirte para una enfermedad tan horrible?".

Arthur Ashe le contestó con una hermosa carta:

> Hace muchos años, unos 50 millones de niños comenzaron a jugar al tenis, y uno de ellos era yo.
>
> - 5 millones aprendieron realmente a jugar al tenis
> - 500 mil aprendieron tenis profesional

- 50 mil llegaron al circuito
- 5 mil alcanzaron un Grand Slam
- 50 llegaron a Wimbledon
- 4 llegaron a la semifinal
- 2 llegaron a la final y, nuevamente, uno de ellos fui yo.

Cuando estaba celebrando la victoria con la copa en la mano, nunca se me ocurrió preguntarle a Dios: "¿Por qué a mí?".

Así que ahora que estoy con dolor, ¿cómo puedo preguntarle a Dios: "¿Por qué a mí?".

¡La felicidad te mantiene dulce!

¡Los juicios te mantienen fuerte!

¡Los dolores te mantienen humano!

¡El fracaso te mantiene humilde!

¡El éxito te mantiene brillante!

Pero solo la fe te mantiene en marcha.

A veces no estás satisfecho con tu vida, mientras que muchas personas de este mundo sueñan con poder tener tu vida.

Un niño en una granja ve un avión que le sobrevuela y sueña con volar.

Pero, el piloto de ese avión sobrevuela la granja y sueña con volver a casa.

¡Así es la vida! Disfruta la tuya...

Si la riqueza fuera el secreto de la felicidad, los ricos deberían estar bailando por las calles. Pero solo los niños pobres hacen eso.

Si el poder garantizara la seguridad, las personas importantes deberían caminar sin guardaespaldas. Pero solo aquellos que viven humildemente sueñan tranquilos.

Si la belleza y la fama atrajeran las relaciones ideales, las celebridades deberían tener los mejores matrimonios.

**¡TEN FE EN DIOS! VIVE HUMILDEMENTE.
CAMINA HUMILDEMENTE
¡Y AMA CON EL CORAZÓN!**

La vida no es siempre como esperábamos; es más, casi nunca lo es. Es hermosa, categórico, pero no te la va a poner fácil; dará pelea. Aun así, depende de cada uno cómo mirarla y encararla. Como siempre digo, la vida no tiene que ser necesariamente fácil, sino posible.

Es imposible pretender una vida sin problemas, dificultades, imprevistos ni luchas, pero sí podemos elegir cómo pelear cada una de ellas y, a pesar del dolor o los resultados, podemos salir victoriosos.

Esta última historia que acabo de contarles, la de Arthur, lo demuestra. Las últimas frases de la carta son un excelente consejo para enfrentar muchas cosas en la vida, si no todas: "¡Ten fe en Dios! Vive humildemente. Camina humildemente ¡y ama con el corazón!".

Depende mucho de nosotros sucumbir o no ante las duras pruebas de la vida. La actitud, el carácter y, sobre todo, la fe en Dios son las armas y golpes más poderosos que tenemos para vencer esta pelea. No es fácil, repito, pero se puede.

Hay muchos motivos por los cuales no deberías tirar la toalla y renunciar. Piensa en esos motivos; estoy seguro de que te animarán a continuar, "a pesar de...". Sobre todo, piensa, medita y refúgiate en Dios, que ya lo dijo en 1 Corintios 10:13 (DHH):

> *Ustedes no han pasado por ninguna prueba que no sea humanamente soportable. Y pueden ustedes confiar en Dios, que no los dejará sufrir pruebas más duras de lo que pueden soportar. Por el contrario, cuando llegue la prueba, Dios les dará también la manera de salir de ella, para que puedan soportarla.*

Dios está en tu esquina. Él, incluso, pelea por ti. No tengas miedo al mañana porque Dios ya está ahí esperándote.

No renuncies, no te distraigas tanto con lo malo que te pasó, sino llénate de esperanza con lo bueno que tienes y con lo que Dios tiene preparado para darte.

Como ya dice el tema de este libro: ***Las luchas son inevitables... la derrota es opcional.***

Me despido con este versículo, que siempre me animó. Te lo digo de parte de los que te aman, de parte de los sueños y visiones que tienes y todavía no alcanzaste, de parte mía y de parte de Dios:

"Levántate, porque esta es tu obligación, y nosotros estaremos contigo; esfuérzate, y pon mano a la obra."

(Esdras 10:4)

¡Que Dios te fortalezca y te bendiga!

El término "Nocaut" significa **fuera de combate**, y se produce cuando un deportista queda incapacitado para levantarse de la lona del cuadrilátero por un período específico de tiempo, ya sea por causa de la fatiga o porque los daños que ha sufrido le provocan la pérdida del equilibrio y posteriormente la pérdida de la consciencia. Esta son tus estrategias para "noquear" a tus rivales.

NOCAUT AL TEMOR

El amor será el golpe más duro que le des al temor. Te impulsará a vencerlo, ya que uno por amor es capaz de cualquier cosa, incluso a enfrentar los miedos más profundos que tenemos y vencerlos. Dios te ayuda y te llena de valor.

NOCAUT A LA SOLEDAD

Realmente la soledad interna es una mentira que el enemigo nos metió en algún momento y la creímos y la hicimos nuestra "solitaria compañía". Pero no es así. No mires solo a tu alrededor, mira más allá, mira a Dios. Él siempre estará ahí para ti. Te ama. Abre tus ojos físicos y emocionales y verás que te enviará a alguien que pueda ayudarte. Nunca te dejará solo o sola. La soledad se vence con una compañía sincera.

NOCAUT A LA FALTA DE PERDÓN

El perdón es una emoción a la que se llega con una decisión: la decisión de perdonar "a pesar de...". Para muchos los efectos serán inmediatos y para otros serán un proceso. Lo importante es que esa decisión se tome lo antes posible y así quedar libre de este monstruo del récord que nos esclaviza al pasado malo.

Véncelo con una decisión acompañada por Dios.

NOCAUT A LA INGRATITUD

Da las gracias. Muéstrate agradecido siempre. Es una gran llave que te abrirá grandes puertas e inclusive las mantendrá abiertas siempre. En un mundo con un sistema muy ingrato, sé la diferencia y sé agradecido. Muéstrate como te gustaría que se muestren contigo.

NOCAUT A LA TRISTEZA Y A LA DEPRESIÓN

A este rival no lo vencerás solo o sola. Busca ayuda. Recurre a tu familia, amigos, iglesia. No te quedes callado. No está mal buscar ayuda cuando la necesitamos. Dios te ama y te ayudará a través de alguien. La tristeza y la depresión se vencen con ayuda y acompañado. Después, no solo saldrás de esta, sino que también podrás ser de ayuda y bendición para otros que estarán pasando por lo mismo.

NOCAUT AL DESPRECIO

Al desprecio se le vence con empatía. Antes de juzgar debemos ponernos en el lugar de la persona y movernos con humildad. Si estás sufriendo desprecio, afianza tu identidad en Dios y en los que realmente te aman. Ahí este rival no tendrá poder sobre ti porque sabrás quién eres en Dios y para aquellos a quienes realmente les importas. El desprecio no tiene fuerza ante estas personas y lo vencerás fácilmente.

NOCAUT AL FUTURO INCIERTO

A este rival se le vence depositando este futuro incierto a un Dios conocido y poderoso como el nuestro. Si estás con Dios, no tengas miedo al futuro. Descansa en Él. Que Él te provea de una visión y propósito claros y avanza con fe. Dios pelea por ti.

NOCAUT AL ORGULLO

Contra el orgullo no existe golpe más fuerte y contundente para usar que la misma humildad. La ventaja de la humildad es que si te niegas a usarla contra este rival, Dios mismo se encargará y te obligará a que la uses. La vida da vueltas, como se dice popularmente, y presentará situaciones que, si por las buenas no decides ser humilde, te obligará a que lo seas. Sé humilde siempre.

NOCAUT A LA DUDA

Alimenta tu fe. Cree en lo que tienes por delante. Pide ayuda a Dios.

Lo único que podemos pedir a Dios en oración sin fe, es la fe misma.

Pide a Dios que te dé fe y encara tus dudas con valentía.

NOCAUT A LAS PREOCUPACIONES

La preocupación es un rival inevitable. Periódicamente nos desafiará a pelear para vencer y conquistar nuestros corazones y mentes. Te recomiendo que hagas lo que dice la Biblia y nos aconseja nuestro Dios en Filipenses 4:8: *"En esto pensad. Por lo demás, hermanos, todo lo que es verdadero, todo lo honesto, todo lo justo, todo lo puro, todo lo amable, todo lo que es de buen nombre; si hay virtud alguna, si algo digno de alabanza, en esto pensad".*

ACERCA DEL AUTOR

Adolfo Agüero Esgaib es pastor, conferencista, figura de los medios, consejero y reconocido emprendedor. Nacido en Asunción, Paraguay el 4 de noviembre de 1979.

Es cofundador de la Iglesia "Más Que Vencedores", una de las iglesias más influyentes del Paraguay. Fue director del programa televisivo "Sálvese quien quiera". Es co-conductor del programa semanal de radio "Fundamentos", y conductor de las cápsulas "Solo un momento", emitidas por televisión, radio y redes sociales, en temas del liderazgo y principios de vida. Es también fundador de "Gente que cree", una organización enfocada en el tema de liderazgo estratégico.

Alcanza radicalmente con su influencia a miles de personas, no solo predicando en iglesias, congresos y eventos cristianos, sino habiendo organizado eventos multitudinarios en su país natal. Ha ayudado también a coordinar eventos importantes en los Estados Unidos, a destacadas figuras como Luis Palau y Franklin Graham.

Autor de los éxitos en ventas "En lo secreto", libro nominado en dos categorías en los premios SEPA: "Más Ventas" y "Libro del Año 2018"; y "Hasta el final". Está casado con la cantante góspel Laura Rojas y tienen dos hijos y una hija: Mateo, Andrés y Leonor.